浙江省重点创新团队"现代服务业创新团队"研究成果

浙江省"十三五"一流学科"应用经济学"研究成果

浙江省哲学社会科学研究基地"浙江省现代服务业研究中心"研究成果

浙江树人大学著作出版基金资助成果

服务业与服务贸易论丛

THE IMPACT OF OFF–FARM WORK ON
FARMERS' AGRICULTURAL PRODUCTION IN
THE TRANSITIONAL PERIOD:
FROM THE PERSPECTIVE OF
NEW ECONOMICS OF LABOR MIGRATION

转型时期非农就业
对农户农业生产的影响

——基于新劳动力迁移经济学的分析视角

张艳虹◎著

ZHEJIANG UNIVERSITY PRESS
浙江大学出版社

图书在版编目(CIP)数据

转型时期非农就业对农户农业生产的影响：基于新劳动力迁移经济学的分析视角 / 张艳虹著. —杭州：浙江大学出版社，2021.9

ISBN 978-7-308-21778-1

Ⅰ. ①转… Ⅱ. ①张… Ⅲ. ①农村劳动力—劳动力转移—影响—农户—农业生产—研究 Ⅳ. ①F325

中国版本图书馆 CIP 数据核字(2021)第 192183 号

转型时期非农就业对农户农业生产的影响
——基于新劳动力迁移经济学的分析视角

张艳虹　著

策划编辑	吴伟伟
责任编辑	丁沛岚
责任校对	陈　翮
封面设计	项梦怡
出版发行	浙江大学出版社
	（杭州市天目山路 148 号　邮政编码 310007）
	（网址：http://www.zjupress.com）
排　　版	杭州星云光电图文制作有限公司
印　　刷	广东虎彩云印刷有限公司绍兴分公司
开　　本	710mm×1000mm　1/16
印　　张	11.5
字　　数	200 千
版 印 次	2021 年 9 月第 1 版　2021 年 9 月第 1 次印刷
书　　号	ISBN 978-7-308-21778-1
定　　价	58.00 元

前　言

改革开放以来,伴随着城镇化、工业化的推进,以及城乡户籍制度的逐步"松绑",我国农村劳动力的就业环境与就业选择发生了巨大的转变,农户不仅可以依靠传统的农业生产实现"自我雇佣",还可以转移到众多的非农就业岗位。在非农就业岗位规模持续扩大的背景下,农村劳动力形成了农业与非农活动的分流,稀释了农业生产劳动力的数量,导致了一定时期内从事农业生产劳动力数量的绝对下降、质量的相对"弱质化",引发了舆论对于农业生产安全尤其是粮食生产安全的担忧。作为人多地少的发展中国家,在相当长的一段时间内我国要保证粮食的自给率,"将中国人的饭碗端在自己手里",立足国内,有效保障粮食生产安全。

本书是在城镇化、工业化快速发展的转型时期,从非农就业、粮食生产发展的现实状况出发,以新劳动力迁移经济学为理论支撑,在综合研究国内外已有文献的基础上,分析非农就业对于粮食主产区黑龙江省农户粮食生产三方面影响。

第一方面是研究非农就业对粮食生产产出的影响。具体而言,首先,通过构建一个联立方程模型,以微观农户视角系统考察非农就业对粮食产量、播种面积的影响,并且进一步从宏观市级面板数据出发,更全面地分析非农就业对于粮食产出的作用力度与方向。研究发现,非农就业对农户粮食产出数量与播种面积存在显著的正面影响,非农就业与两者存在"一致性",黑龙江地区粮食生产呈现稳定发展的态势。其次,利用"一步法"随机前沿生产函数,测算样本中参与非农就业农户和纯农户生产的技术效率,并且在分析中考虑到了土地规模、非农就业地点等的异质性,从而厘清非农就业对技术效率的作用机理。研究发现,非农就业、土地规模均正向影响粮食生产的技术效率,进一步的讨论表明,从两者的异质性角度出发,户主参与非农活动、异地的非农就业与壮年劳动力进行非农就业分别相较于其对照组呈现更低的技术效率水平。这表明粮食主产区农户的粮食生产管理能力得到进一步提升，并且应该重视研究中的异质性。

第二方面是研究非农就业对粮食种植结构的影响。具体而言，首先，通过构建似不相关回归模型，考察非农就业对粮食内部种植结构的影响，并且在研究中考虑到非农就业地点的异质性、土地规模的异质性。研究发现，对于粮食内部种植结构来说，农户的本地非农就业和异地非农就业均加大了玉米的种植面积，且异地非农就业的增长对于玉米种植面积的增加具有更强的影响力；结合农户的耕地规模来看，对于耕地规模较大的农户来讲，异地非农就业促使农户的粮食作物种植面积上升。其次，利用似不相关双变量 Probit 模型估计非农就业对粮食外部种植结构的影响，研究发现，农户的非农就业促使家庭加大粮食作物的耕种面积，减少或者维持经济作物的种植面积。最后，结合 Ordered Probit 和 Ordered Logit 模型研究农户的非农就业对农作物总体种植种类的影响。在实证分析中将农作物种类逐渐增加定义为多样化趋势，将农作物种植逐渐减少定义为单一化趋势，研究发现，非农就业促使农户的种植结构呈现单一化趋势。

第三方面是研究非农就业对农户收入的影响。具体来看，首先，通过内生转换回归模型研究非农就业对农户种植业收入的影响，并且进一步分析其处理效应。研究表明，非农就业可以有效提升农户种植业收入。其次，采用内生转换回归模型与 Heckman 两阶段模型，探讨非农就业如何影响农户粮食作物、经济作物收入。研究发现，非农就业会提高粮食作物的收入，但是会降低经济作物的收入。最后，采用半对数回归模型结合两阶段最小二乘估计，发现非农就业促使农户纯收入的上升，并且进一步采用分位数回归模型，印证伴随着农户收入分位的提高，非农就业总体上对农户收入的增加起到推动作用。

基于以上三个大方面的研究结论，本书提出相应的政策建议，从而为促进非农就业健康有序开展、保障国家粮食生产稳步提升以及提高粮食主产区种粮农户的收入提供系列参考。

目　录

1 绪　论 ……………………………………………………………（1）
　1.1 研究背景与问题的提出 ……………………………………（3）
　1.2 相关概念界定 ………………………………………………（5）
　1.3 研究意义 ……………………………………………………（7）
　1.4 研究思路、内容与技术路线 ………………………………（7）
　1.5 研究方法 ……………………………………………………（8）
　1.6 数据来源 ……………………………………………………（10）
　1.7 研究的创新与不足 …………………………………………（11）
　1.8 章节安排 ……………………………………………………（12）
2 相关理论与研究进展综述 …………………………………………（15）
　2.1 农户经济行为理论 …………………………………………（17）
　2.2 人口流动相关理论总结 ……………………………………（19）
　2.3 非农就业影响农户农业生产的理论推导 …………………（22）
　2.4 国内外相关研究进展综述 …………………………………（26）
　2.5 对现有研究的评述 …………………………………………（32）
　2.6 本章小结 ……………………………………………………（34）
3 宏观背景与农户调研数据简介 ……………………………………（37）
　3.1 转型时期我国非农就业发展的基本特征 …………………（39）
　3.2 转型时期我国粮食生产发展的基本特征 …………………（44）
　3.3 农户调研数据简介 …………………………………………（50）
　3.4 本章小结 ……………………………………………………（62）
4 非农就业对农业生产产出的影响 …………………………………（65）
　4.1 引　言 ………………………………………………………（67）

4.2 微观视角:非农就业对农业生产产出的影响 ……………… （67）

4.3 宏观视角:非农就业对农业生产产出的影响 ……………… （76）

4.4 非农就业对农业生产技术效率的影响 ………………… （83）

4.5 本章小结 …………………………………………………… （91）

5 非农就业对农户种植结构的影响 …………………………… （93）

5.1 引 言 ……………………………………………………… （95）

5.2 理论机制 …………………………………………………… （95）

5.3 非农就业对农户粮食内部种植结构的影响 …………… （96）

5.4 非农就业对粮食外部种植结构的影响 ………………… （104）

5.5 非农就业对农户农作物整体种植结构的影响 ………… （109）

5.6 本章小结 …………………………………………………… （117）

6 非农就业对农户收入的影响 ………………………………… （119）

6.1 引 言 ……………………………………………………… （121）

6.2 理论机制 …………………………………………………… （121）

6.3 非农就业对农户农业经营收入的影响 ………………… （122）

6.4 非农就业对农户粮食、经济作物收入的影响 ………… （129）

6.5 非农就业对农户总收入的影响 ………………………… （136）

6.6 本章小结 …………………………………………………… （144）

7 主要结论和政策建议 ………………………………………… （145）

7.1 主要结论 …………………………………………………… （147）

7.2 政策建议 …………………………………………………… （149）

7.3 进一步的研究方向 ………………………………………… （151）

参考文献 …………………………………………………………… （153）

附 录 ……………………………………………………………… （169）

01//

绪 论

1.1　研究背景与问题的提出

改革开放以来,伴随着城镇化、工业化的推进,以及城乡户籍制度的逐步"松绑",我国农村劳动力的就业环境与就业选择发生了巨大的转变,农户不仅可以依靠传统的农业生产实现"自我雇佣",还可以转移到众多的非农就业岗位,为非农部门的发展提供强劲的动力(徐建国,张勋,2016),为我国经济增长做出巨大贡献。截至 2014 年,我国农村劳动力非农就业的人数从 1978 年的2320 万人增长为 2014 年的 15153 万人(《中国农村统计年鉴》,2015)。在如此庞大的数字背后是转移劳动力呈现结构性特征,即从事非农就业的劳动力以男性、青壮年、高素质人才为主(尹虹潘,刘渝琳,2016),相应的,留守农村继续从事农业生产的劳动力呈现女性化、老龄化等特征,由此形成农村人力资本的流失(王建英,陈志刚,黄祖辉,等,2015)。与此同时,农户非农收入所占家庭总收入的比例不断增长,已成为农户重要的收入增长来源,实现了农户家庭收入结构的转变(冒佩华,徐骥,2015;彭克强,刘锡良,2016;樊士德,江克忠,2016)。具体从 2014 年农户可支配收入的构成来看,工资性收入所占比例为 39.6%,第二、三产业经营净收入占比共计 11.8%,两者形成的非农收入已经高于第一产业净收入 28.6% 的比例(《中国农村统计年鉴》,2015)。

在非农就业规模持续扩大的背景下,农村劳动力形成了农业与非农活动的分流,稀释了农业生产劳动力,使得一定时期内从事农业生产劳动力数量的绝对下降、质量的相对"弱质化",引发了舆论对农业生产安全的担忧,尤其是粮食生产安全。作为人多地少的发展中国家,在相当长的一段时间内我国要保证粮食的自给率,"将中国人的饭碗端在自己手里",立足国内,有效保障粮食生产安全(于晓华,钟甫宁,2012)。

从粮食总体产量来看,我国已达成历史性的"十二连增",从 2003 年的 8614亿斤增加到 2015 年的 12429 亿斤,增加 3800 多亿斤(罗必良,2017)[①],呈现出稳步增长的总体发展态势。产量是面积和单产的综合结果,鉴于我国耕地面积近年来保持在稳定水平,可以推断总产量的增长主要源于单位产出水平的提

---

① 本书在表述粮食产量时,尊重文献出处和调查对习惯,采用"斤"或"吨"等单位。

升。基于此,从宏观层面分析,非农就业对粮食单产水平并未产生负面影响。但是已有研究对相关问题的讨论呈现差异化的结论,主要是由于研究视角、研究方法、数据来源等的不同,因此仍需要进一步讨论非农就业对农业生产、粮食生产的相关影响。

除此之外,粮食生产安全不仅包括产出数量的安全,也包括产出结构是否合理。近年来,我国粮食库存量与进口量连年增长,与产出量的增长共同构成"三量齐增"的粮食格局。2015 年,我国各类粮食进口总量接近 2500 亿斤,库存量约为 2000 亿斤(陈锡文,2016),其中即蕴含着粮食内部品种结构失衡的问题。如何有效进行粮食生产的结构性调整,优化粮食内部各个种类平衡有序地健康发展,从而实现库存的有序释放与对进口粮食的有效替代,是达成粮食结构安全的重要环节(毛雪峰,刘靖,朱信凯,2015)。因此,有必要深入讨论非农就业对粮食内部种植结构的影响,探究劳动力转移到非农领域是否将导致种植结构性失衡,从而预期从非农就业的角度进行结构性优化调整,形成合理化产出结构。

在城镇化、工业化不断推进的转型时期,在我国农业生产、粮食生产发展方向与政策导向处于重要转变时期的时代背景下(温铁军,董筱丹,石嫣,2010),有必要深入分析非农就业对农业生产、粮食生产的影响,具体涉及农业生产的产出、生产效率、生产结构与农户收入。通过分析非农就业对以上几个方面的具体作用机理,可以从中找到适宜的政策建议,既做到有序引导农户从事非农活动,又保障农业生产有效进行。

非农就业的增长导致农业生产劳动力数量的下降,同时使得家庭农业从业人员呈现低龄化、老龄化、女性化与受教育水平低的特征,但非农就业取得的收入丰富了家庭收入来源渠道,使得农户有更多资金投入到生产性建设当中,改善了家庭的投入与产出结构。但是这样的变化对粮食主产区、主销区与产销平衡区来说,产生的影响不尽相同。黑龙江省是我国粮食主产省份,其粮食产量位于全国第一位,承担着重要的粮食生产任务,关系到全国粮食生产的命脉。近年来,农业劳动力从事非农活动的数量不断增长,使得从事粮食生产的劳动力数量、劳动时间不断下降。但是由于黑龙江拥有较为广阔的耕作面积,适宜大型农业机械的规模化作业,农户可以将非农就业所得收入投资到农业机械中,这在一定程度上弥补了劳动力投入缺失造成的影响。这种替代效应是否超越劳动力流失的负向效应,值得进一步探讨:对以黑龙江为代表的粮食主产省份而言,非农就业对粮食产量、播种面积产生了何种影响?

粮食的产量、播种面积与技术效率是衡量生产产出的最基本因素,是总体研究的"开山之作",即本书探讨的第一个大问题:非农就业如何影响农业生产产出?

纵观我国粮食生产现状,粮食产量形成了历史性的"十二连增",取得这样骄人成绩的重要原因之一是粮食内部种植结构发生了改变(朱晶,李天祥,林大燕,等,2013),但"三量齐增"的局面彰显我国粮食种植结构仍待进一步优化,仍需要内源性改革粮食种植结构,释放多余积压粮食库存,加大国产粮食品种的竞争优势。首先,在当今粮食生产现状下,需要探讨非农就业是否影响了粮食内部种植结构。其次,粮食作物和经济作物对劳动力的投工需求不尽相同,需要探讨非农就业形成的劳动力短缺是否会降低劳动力密集型投入的经济作物的种植面积;是否会扩大对劳动力数量需求较少的粮食作物的种植面积。总结一下,就是需要探讨非农就业如何影响粮食外部的种植结构。最后,从农作物整体角度出发,有必要探究非农就业如何影响农作物整体种植结构安排,是形成种植结构的多样化,还是单一化。总而言之,本书需要探讨的第二个大问题是,如何从非农就业环节入手优化种植业结构。

对农户家庭来讲,以家庭收入最大化为经营目标是理性农户的最优选择,农户不仅获得家庭经营收入,还通过非农就业取得汇款收入,丰富了家庭总体收入的来源。但非农就业造成的人力资源数量与质量的流失会影响家庭农业经营收入的取得,而这种影响是否可以通过汇款的流入得到弥补?特别是以黑龙江地区为代表的粮食主产区农户,农业收入长久以来是家庭总收入的主要来源,非农就业的增长是否会导致农业生产收入的下降?会如何影响农户粮食作物种植收入与经济作物种植收入?对农户总收入而言,非农就业是否产生了正向的作用效果?总而言之,本书需要探讨的第三个大问题是,非农就业如何影响农户收入?

1.2 相关概念界定

为了在研究中更好地分析相关问题,需要对本书涉及的相关概念进行界定。

1.2.1 农户

本书的研究视角主要从微观农户出发,有必要对其进行一定的概念阐述。在我国,农户是指从事农业生产的最基本的微观生产组织。具体来看是指具有农村户籍、生活在农村、具有土地承包经营权,并且从事农业生产的农户,不包括放弃农业生产的农户。因此本书的农户家庭依据研究问题划分为纯农户和非农就业农户,前者为未参加任何非农活动,只从事农业生产的农户;后者为农业生产和非农活动并存的农户。

1.2.2 非农就业

非农就业是指对任何一个农户家庭来说,其一个或多个家庭成员在考察期内从事非农生产活动,具体包括农户外出务工,以及从事本地非农生产经营活动。外出务工是指农户家庭成员到省外从事务工或者自营工作;本地非农生产经营活动是指农户家庭成员在省内从事第二、三产业的务工或者自营工作。本书非农就业程度主要采用农户家庭成员从事非农生产活动的人数等指标来衡量。除此之外,根据研究所需也会纳入非农就业时间、非农就业人员受教育水平等指标进行衡量。

1.2.3 本地、异地非农就业

在相关研究议题中,本书区分了非农就业的地点概念,具体将其划分为本地非农就业和异地非农就业。详细来讲,本地非农就业是指农户家庭成员在省内从事非农就业相关生产活动;异地非农就业是指农户家庭成员在省外从事非农就业相关生产活动。

1.2.4 农业生产/粮食生产

本书所指的农业生产是指农户从事第一产业农业的生产经营活动,着重指种植业的生产经营活动。根据样本地区农户的种植特征,在统计口径上,农业生产在本书中一定意义上对应于粮食生产,具体而言粮食生产涉及粮食产量、生产技术效率、种植结构和种粮农户收入等几个方面。粮食在本书中指种植的主要粮食作物,即水稻、小麦、玉米、大豆和薯类。以往粮食生产相关研究中较少将大豆纳入粮食作物统计口径,但是黑龙江地区作为大豆主产区,其大豆产量占据了重要地位,所以本书将其纳入研究范畴。

1.3 研究意义

非农就业促进家庭总收入水平的提升,改变了传统要素投入策略,而保障粮食主产区农户粮食生产能力稳步提升是确保国家粮食安全的重要环节,由此非农就业对农业生产、粮食生产的影响值得深入分析。本书致力于通过微观农户视角分析非农就业对主产区粮食产量、播种面积、生产效率、生产结构与农户收入的影响。通过多维度的分析将非农就业与粮食生产各个角度有机关联,全面、系统地探究非农就业的收入效应与农业劳动力流失效应相互作用后的综合效应,以期通过对这些问题的研究,从理论与现实角度细致考察在非农就业常态化发展的大背景下,如何保障主产区粮食安全。

1.3.1 理论意义

在新劳动力迁移经济学的分析框架下,从农户家庭视角对非农就业选择给出合理的解释,进而深刻揭示非农就业对主产区粮食生产的作用机理,分析农户如何在非农就业与粮食生产之间实现平衡,最终论证非农就业与粮食生产是"一致"抑或"冲突",有利于从微观视角研究保障国家粮食安全的路径。

1.3.2 现实意义

研究转型时期非农就业对农业生产、粮食生产的影响,对推动非农就业健康发展、释放过多冗余的劳动力具有积极意义,有助于推动粮食生产向现代化转型。要保障主产区粮食生产的可持续发展就要提升粮食生产的边际效率,释放土地上的无效率劳动力。本书通过实证论证得出的相关结论,可以为探索非农就业可持续发展路径提供指导作用。

1.4 研究思路、内容与技术路线

在城镇化、工业化快速发展的转型时期,本书从非农就业、农业生产、粮食生产的现实状况出发,以新劳动力迁移经济学为理论支撑,在综合研究国内外已有文献的基础上,分析非农就业对粮食主产区黑龙江省农户粮食生产三个方面的具体影响:第一,对农业生产产出的影响。具体而言,一是通过构建一个联立方程模型,以微观农户视角系统考察非农就业对粮食产量、播种面积的影响,并且进一步从宏观市级面板数据出发更全面地分析非农就业对粮食产出的作用力度与方向;二是利用"一步法"随机前沿生产函数,测算样本农户中非农就业和纯农户生产的技术效率,并且在分析中考虑到了土地规模、非农就业地点等的异质性,从而厘清非农就业对技术效率的作用机理。第二,对粮食种植结构的影响。具体而言,一是通过构建似不相关回归模型,考察非农就业对粮食内部种植结构的影响,并且在研究中考虑到非农就业地点的异质性、土地规模的异质性;二是利用似不相关双变量 Probit 模型估计非农就业对粮食外部种植结构的影响;三是结合 Ordered Probit 和 Ordered Logit 模型研究农户的非农就业对农作物总体种植种类的影响。第三,对农户收入的影响。具体来看,一是通过内生转换回归模型研究非农就业对农户种植业收入的影响,并且进一步分析其处理效应;二是采用内生转换回归模型与 Heckman 两阶段模型,研究非农就业如何影响农户粮食作物、经济作物收入;三是结合半对数回归和分位数回归的方法研究非农就业对农户总收入的影响。

基于以上三大方面的研究结论,本书提出相应的政策建议,从而为促进非农就业健康有序开展、保障国家粮食生产稳步提升以及提高粮食主产区种粮农户的收入提供系列参考。

本书的技术路线如图 1.1 所示。

1.5 研究方法

本书通过文献阅读与问卷调查,从理论与实证两方面入手分析非农就业对农户农业生产的影响。在具体分析过程中注重将经济理论贯穿到实证模型当中,使得获取到的丰富的调研数据具有恰当的理论支撑。同时在实证分析过程中结合研究问题选择恰当的计量分析模型,使得研究结论具有科学性。

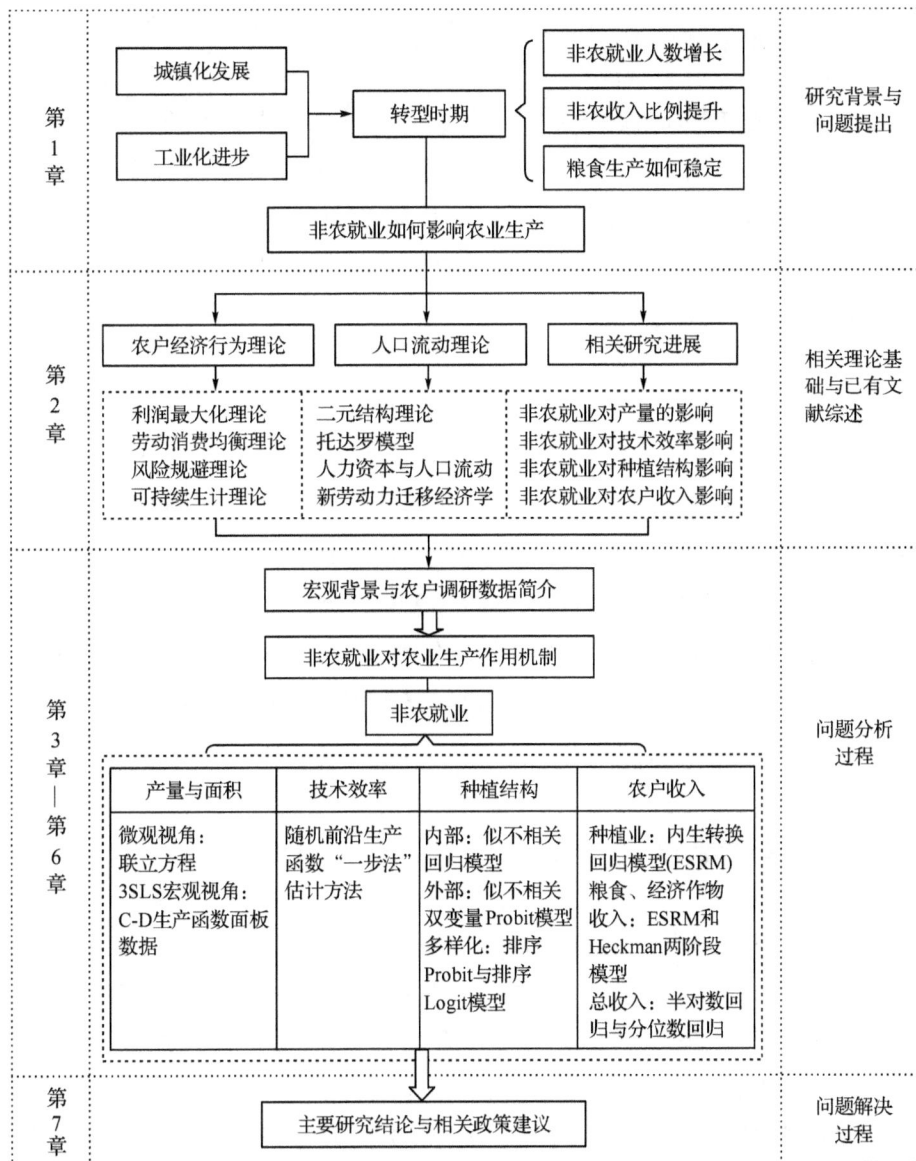

图 1.1 本书研究技术路线

1.5.1 文献阅读方法

通过查阅已有相关问题的研究资料,对研究议题进行全面深入的了解,掌握当前前沿研究进展与存在的不足之处,同时在文献阅读中对相关概念进行准确界定。在文献梳理中注重总结已有相关问题的研究方法,为本书提供参考借鉴。

1.5.2　问卷调查方法

为了从微观农户视角准确分析研究主题,本书在借鉴已有调查问卷的基础上,结合样本地区实际特征,进行了大规模农户调研。在具体操作过程中,首先,通过预调研获得数据,进行初步分析;其次,根据分析结果进行问卷改进,确定最终调查问卷;最后,使用多阶段随机抽样法在黑龙江省农户中开展实地问卷调查,获取本书所需数据。

1.5.3　计量分析方法

在获取大量翔实的微观调研数据之后,首先,对数据进行了统计类相关分析;其次,结合经济理论建立研究问题的计量分析模型,进一步通过计量分析软件估计结果,得出相关结论;最后,结合经济理论对估计结果进行合理化解释。研究中使用的计量分析软件主要为 STATA12.0,涉及的计量模型有联立方程模型、随机前沿生产函数、似不相关回归、似不相关双变量 Probit 模型、Ordered Probit 和 Ordered Logit 模型、内生转换回归模型、Heckman 两阶段模型、半对数回归模型、分位数回归模型等。

1.6　数据来源

本书采用的数据来自笔者 2015 年 7 月至 8 月在黑龙江省的农村入户调查。黑龙江省位于我国东北平原,是我国粮食主产省份之一,2015 年其粮食总产量达到 684.79 亿公斤,连续 5 年位居全国第一,其主产粮食作物为玉米、水稻与大豆。黑龙江省农村人口 2014 年为 1609 万人,占地区总人口比重为 42%(《中国农村统计年鉴》,2015);同期全省农村劳动力为 982.8 万人,其中农业从业人员为 647.9 万人,约占全省农村劳动力的 67%(《黑龙江统计年鉴》,2015)。由上述统计数据可见,农业生产在黑龙江省全省发展中占据了重要的地位。同时,从农村居民家庭的人均可支配收入来看,其工资性收入比重已经达到 21%(《黑龙江统计年鉴》,2015)。因此,从黑龙江全省非农就业与农业生产发展现状来看,符合本书所需要的样本情况。

黑龙江省涵盖 13 个行政区,分别为哈尔滨、齐齐哈尔、鸡西、鹤岗、双鸭山、大庆、伊春、佳木斯、七台河、牡丹江、黑河、绥化和大兴安岭,共管辖 46 个县。本书采用随机抽样法在 46 个县的 150 个村庄中共计发放 1500 份问卷,回收 1200 份,有效问卷 1140 份。具体而言,在每个县随机选择 4 个村庄,经过预调研问卷(事先在哈尔滨市进行偶遇抽样 50 份,修正问卷出现的相关问题)剔除不符合研究所需的村庄,最终有 150 个村庄符合研究所需。在每个村庄中随机发放 10 份调查问卷,共计发放 1500 份问卷。

1.7 研究的创新与不足

1.7.1 研究的创新之处

本书为新劳动力迁移经济学在我国的适用性提出新的实证证据,以翔实的调研数据探索了粮食产量第一大省黑龙江省的实际情况,扩展了以往针对粮食主产区的研究成果。

在研究内容方面,较为全面地阐述了非农就业对农业生产的多方面影响,而不是局限在某一个方面,使得研究具有系统性。通过对农业生产多方面影响的考察,研究其内在逻辑性与相关性,以防止单独研究某一方面产生片面的分析结果。此外,本书拓宽了以往非农就业的研究界限,不只关注传统的劳动力外出务工,还关注劳动力本地的非农就业,并且具体分析了两种非农就业模式产生的差异化影响,避免结果均一化。在研究中结合当前我国粮食生产实际,重视玉米生产的相关状况,进行重点考察,抓住当前研究的关键问题。

在研究方法方面,从规范研究的角度来看,在新劳动力迁移经济学的经典框架下构建具体到生产产出、技术效率、种植面积与农户收入的分析框架,形成研究的整体理论框架。从实证研究的角度来看,以问卷调研获取的第一手可靠定量数据深入进行主产区相关研究,丰富以往实证研究成果;结合具体分析问题采用多种计量分析模型,丰富研究的实证路径,形成可靠的结论。此外,在实证研究中,考虑到变量的内生性问题,还采用工具变量法进行了相应处理,减少估计误差。

本书整体上立足于我国现阶段发展实际,从非农就业对农业生产的影响出发探索保障粮食安全的策略途径,再次强调对粮食主产区相关问题的重视。

1.7.2　研究的不足之处

本书研究范围局限在黑龙江省,其相关研究结论是否适用于其他粮食主产区尚需进一步研究。若能加入其他资源禀赋和生产条件不同的省份,研究结果将更具广度。受调研时间所限,本书采纳的是一年的截面数据,若能跟踪调查形成跨年度的面板数据,研究结果将更具连续性。

本书将大豆纳入统计范畴,主要是考虑到大豆是黑龙江省的主产作物之一。但从世界范围来看,大豆属于重要的油料作物之一,通常将其统计归类在油料作物项下,而非粮食作物项下。如果能进一步剥离大豆的相关数据,则得到的粮食生产相关结论将更具有世界通行的适用性。

1.8　章节安排

本书旨在考察转型时期非农就业对农户农业生产的影响,其后续章节安排如下:

第 2 章主要阐述相关理论与研究进展。首先,详细介绍了农户经济行为理论,具体包括利润最大化理论、劳动消费均衡理论、风险规避理论和可持续生计理论。其次,回顾了人口流动相关理论,具体包括二元结构理论、托达罗模型、人力资本理论与人口流动和新劳动力迁移经济学,从对相关理论的总结梳理中掌握人口流动理论的历史沿革和发展现状,以此为本书提供可靠的理论支撑。在此基础之上形成非农就业对农户农业生产的理论推导。再次,在阐述相关研究的理论基础之后,该章节总结了已有文献的相关研究进展,主要从四方面展开文献回顾,即非农就业对农户农业生产产量、生产效率、生产结构和农户收入的影响。最后,对相关研究进行了文献评述,并在此基础之上提出本书着重关注的问题。

第 3 章介绍研究的宏观背景与农户的调研数据。首先,介绍了转型时期我国非农就业发展的基本特征,具体包括非农就业发展的阶段划分和基本特征、近年来非农就业发展的结构性特征。其次,介绍了转型时期我国粮食生产发展的基本特征,从粮食产出数量、面积、种植结构与粮农收入方面归纳其相应特征。最后,对农户调研数据做了一定的简介,具体包括黑龙江省的基本情况、样本农户家庭基本情况、农业生产基本情况、家庭收支情况和非农就业情况。

　　第4章到第6章是本书分析问题的过程。第4章主要考察非农就业对农户农业生产产出的影响。首先,在实证过程中采用联立方程进行产出数量、播种面积问题分析;其次,将分析结论扩展到宏观研究视角,以市级面板数据进一步验证相关结论的可靠性;最后,考察非农就业对农户农业生产效率的影响,具体在实证过程中采用"一步法"随机前沿生产函数模型进行农户技术效率的测定,探究非农就业对技术效率的影响。第5章主要考察非农就业对农户种植结构的影响。首先,在实证过程中采用似不相关回归模型探究对粮食内部种植结构的影响;其次,基于似不相关双变量 Probit 模型研究对粮食外部种植结构的影响;最后,结合 Ordered Probit 和 Ordered Logit 模型研究农户的非农就业对农作物总体种植种类的影响。第6章主要考察非农就业对农户收入的影响。首先,在实证过程中采用内生转换回归模型研究对农户农业收入的影响;其次,基于内生转换回归模型和 Heckman 两阶段模型研究非农就业对粮食作物、经济作物收入的影响;最后,结合半对数回归模型和分位数回归模型,分析非农就业对农户总收入的影响。

　　第7章主要阐述本书的主要研究结论,提出相关的政策建议,以供决策者参考,并指出今后进一步研究的方向。

02

相关理论与研究进展综述

本书将"非农就业"定义为农户从事或者自营本地的一些非农工作以及外出务工,因此相关的理论回顾与研究进展包括劳动力转移、外出务工或者非农就业、非农收入等对农业生产的相关影响。已有的研究在阐述与此相关问题的内在机理时通常延续两种效应的分析:一是非农就业导致从事农业生产的劳动力数量、质量等的变化,进而使得农业生产的产出数量、产出效率、产出结构和农户收入发生变化,即劳动力的流失效应;二是非农就业形成的汇款收入缓解了农户的资金约束并克服了市场信贷机制的不完善,使得农户有资金可以投入生产性投资当中,即非农就业的收入效应。农户的非农就业行为产生的以上两种效应均与农户经济行为决策所遵循的基本逻辑密切相关(李德洗,2014),且考虑到农户参与各种生产活动的目的主要是满足自身的各种需求(史清华,2005),因此在详尽回顾与梳理非农就业相关的理论之前,有必要对农户经济行为理论做简要的回顾,为后续研究奠定基础。本章的安排如下:一是回顾农户经济行为理论,包括利润最大化理论、劳动消费均衡理论、风险规避理论和可持续生计理论;二是总结人口流动相关理论,具体包括刘易斯二元结构理论及其拓展、托达罗模型、人力资本与人口流动理论、新劳动力迁移经济学;三是关于非农就业影响农业生产的理论推导部分;四是关于国内外相关研究进展的综述,具体从非农就业对农业产出数量、产出面积、产出效率、生产结构以及农户收入的影响几大方面进行汇总梳理;五是对现有研究的评述;六是本章小结。

2.1 农户经济行为理论

农户经济行为理论是农户做出各种家庭决策安排的基础(吴天龙,2015b),因此对其进行一定的梳理分析,可以更好地理解农户家庭在面对一系列约束条件时进行相应选择的理论逻辑。具体来说,结合本书的实际背景与研究目标,重点回顾利润最大化理论、劳动消费均衡理论、风险规避理论和可持续生计理论。

2.1.1 利润最大化理论

舒尔茨在其著作《改造传统农业》(1964)中最早提出农户利润最大化的相关理论。他反驳传统经济学所阐述的小农非理性、农业生产无效率以及生产要素配置效率低下的观点,而是用市场经济的视角去研究传统农户,提出"贫穷而有效率"的假说,认为传统农户在经营中同样遵循经济学理论中"利润最大化"的准则,其生产经营符合市场的经营规律,生产要素的配置效率是优化的。同时,舒尔茨驳斥了"零值劳动力"的观点,否定传统农业中存在部分边际生产率为零的劳动力的存在。他进一步强调传统农业之所以发展滞后,原因在于投资收益率低,对投资缺乏相应的刺激。

随后,Popkin(1979)在舒尔茨的理论基础之上进行了进一步的拓展。在其著作《理性的小农》中,他明确传统农户是理性经济人的观点,指出传统农户不仅仅是经济理性,而且期望家庭或者个人效用最大化。

2.1.2 劳动消费均衡理论

劳动消费均衡理论最早由经济学家恰亚诺夫(Chayanov)提出。该理论着重强调农户关于家庭劳动投入的主观决策,指出农户经济行为所遵照的基本逻辑是在获得收入和避免劳动辛苦之间取得权衡,从而做出最为有利的明智决定。具体来讲,恰亚诺夫提出的"权衡"需要综合考虑两方面因素:一是农户取得收入的满足感;二是农户为了获取收入需要相应付出的代价。两者都从农户的主观感觉出发,当两者之间处于失衡的状态,农户即会进行相应的调整:当主观衡量的消费满足感大于劳动付出的代价时,农户就会继续投入劳动,使得生产继续,尽管此时生产效率会有所降低。当两者之间达到平衡的状态,即农户的主观消费意愿得到满足,则继续投入劳动力就失去了意义。这个均衡点对农户家庭来讲不是一个固定值,它受消费满足感和劳动辛苦程度等影响因素的限制。

总体来看,劳动消费均衡理论支持农户是理性人的观点,但此种理性的逻辑出发点是寻求家庭消费的满足感与避免劳动辛苦之间的权衡,依赖于农户的主观评价,根本出发点在于人口学的阐述视角。

2.1.3 风险规避理论

风险规避理论承袭农户是理性人的假定,认为农户追求经济利益的最大化。但该理论认为农户是"风险厌恶者",即当农户在一个充满不确定的风险环境中进行生产时,农户为降低风险,会放弃对利润最大化的追求。该理论的两位代表性人物是詹姆斯·C.斯科特(James C. Scott)和麦克尔·利普顿(Michael Lipton)。该理论认为发展中国家的农户面对各种风险因素,如自然风险、市场风险、战争风险、国家政策风险等,这些国家的农户挣扎在"生存线的边缘"(斯科特,2013)。当外部出现微小的风险波动时,农户的收入与支出都会面临新的考验,极有可能导致生计困难。基于此,农户会最大限度地规避风险,而不是追求利润最大化,农户以"生存伦理"和"安全第一"指导家庭的决策安排。从本质上来看,农户是以"避免灾难"的视角出发来安排家庭行为的(Lipton,1968),他们是追求损失最小化的"理性经济人"。此外,大部分研究表明,农户的风险规避行为阻碍了技术扩散,但是其风险规避态度会随着收入的提高而呈弱化的趋势。

2.1.4 可持续生计理论

可持续生计理论的基本思想是在一种脆弱性的背景下,农户使用各种资产参与生产活动,追求特定的生计结果。农户既会根据其自身偏好和重视程度采取生计策略和进行资产投资,也会受各种类型脆弱性的影响,如季节变化、气候冲击、总体趋势以及结构性因素的影响。农户此种谋生策略成立的前提基础是能力、资产以及生产性活动。只有当一种生计策略能够应对,或者可以在压力和打击下恢复,并且能够在当前和未来保持甚至增加农户的能力、资产,同时又不对周围自然资源造成损害,此种生计才可以被称为可持续生计(Chambers,Conway,1992)。

在一定意义上,可持续生计理论综合了上述的利润最大化理论、劳动消费均衡论和风险规避理论。依据可持续生计理论的逻辑分析框架,农户的经济行为是以其所处的市场、制度环境以及拥有的资源为前提的,他们既是利润最大化的追求者,同时受到生计脆弱性的影响又会寻求风险最小化。农户为了获得消费的满足以及可持续的生计,会基于自己的能力和资产,充分寻求获取利益的机会,同时最大限度地规避风险。

2.2 人口流动相关理论总结

劳动力转移、人口流动的相关理论研究层出不穷,形成众多经典的理论成果,对发展经济学的研究起到重要的作用。其中,较为经典的有基于宏观研究视角的刘易斯二元结构理论及其拓展、以个人决策为基础的托达罗模型和人力资本理论、以家庭决策为出发点的新劳动力迁移经济学理论。

2.2.1 刘易斯二元结构理论及其拓展

刘易斯(W. A. Lewis)于1954年最早提出著名的关于发展中国家劳动力无限供给的二元经济理论。其理论成立的前提是发展中国家存在以农业为主导的传统部门与以制造业作为中心的现代城市工业部门并存的二元经济体系。传统部门的劳动力存在着无限供给的假定,其可以为现代城市工业部门的发展提供廉价劳动力。由于农村存在大量边际生产率为零甚至负数的劳动力,只要城市工业部门较农村传统部门存在一定的工资优势,就会吸引大量原有的农业部门劳动力进入城市工业部门当中,由此形成劳动力城乡转移。只要农村存在剩余劳动力,这种城乡转移就不会停止。工业部门源源不断地从农业部门吸纳转移劳动力,不断扩张壮大,然后需要更多数量的劳动力投入到生产当中,由此继续吸收农业部门的剩余劳动力,如此形成持续循环的发展。在劳动力转移过程中实现了城镇化、工业化的发展,而对传统农业部门来讲,随着剩余劳动力的不断转出,其从事农业生产的劳动力边际生产率不断提高,逐步由二元经济转化成一元经济。

刘易斯的理论开创了劳动力流动的理论模式,但是其研究忽视了农业生产的重要性。此后,在他的研究基础之上,费景汉(John C. H. Fei)和古斯塔夫·拉尼斯(Gustav Ranis)将农业发展纳入研究中,提出著名的二元经济发展的费—拉模型(Fei-Ranis)。费—拉模型将劳动力转移划分为三个阶段:第一阶段即刘易斯二元结构模型,农业部门中存在大量剩余劳动力,其边际生产率为零甚至负值,部分剩余劳动力转出农业部门,不会对农业生产造成负面影响;第二阶段存在着"隐性失业",即农业劳动力边际生产率大于零但是低于"制度工资"水平,如果农业劳动力仍然继续向工业部门转移,会影响到农业生产,造成生产数量下降、粮食价格上涨,形成"粮食短缺点",进而引发工业部门劳动力的工资水平上涨,影响劳动力转移的规模;第三阶段,农业部门已经不存在"隐性失业",农业劳动力的工资水平不再由不变的"制度工资"所决定,而是由市场水平来决定,城市工业部门若想继续吸纳转移劳动力就需要付出高于不变"制度工资"的市场价格。费—拉模型的内在含义是,伴随着劳动力的流动,其劳动边际生产率和工资水平在城市、农村两部门间趋于相等;只有提升农业生产率水平,才可以预防发生粮食生产问题。

乔根森(Jogenson,1967)提出的模型与费—拉模型一样,将发展中国家的经济部门划分为以农业部门为代表的传统部门和以工业部门为代表的现代部门。除此之外,他还假定农业中不存在资本积累,土地投入被设定为固定不变,因此农业的产出只是依赖于劳动的函数;工业部门中没有土地作为生产要素,因此工业的产出是资本和劳动的函数。农业部门和工业部门的工资水平都是不断上升的,但是后者的工资水平高于前者。乔根森模型认为,出现粮食剩余时,劳动力就会从农业部门转出,相继进入工业部门;反之,若不存在粮食剩余的现象,则不会出现劳动力转移的现象。

2.2.2 托达罗模型

随着现实经济状况的发展,城市出现了大量失业劳动力,但劳动力从农业部门转移到工业部门的现象并未消失,因此传统的刘易斯二元结构理论等无法就此做出相应的合理解释。托达罗(Todaro,1969)改变刘易斯等人从宏观层面分析问题的视角,提出个人决策在劳动力转移过程中的重要作用。托达罗模型的核心思想在于农业劳动力根据"预期收入"做出是否转移的决策:如果城市、农村之间的"预期收入"差异大于劳动力流动成本,劳动力即会流向城市,否则则会继续留在农业生产当中。托达罗主张发展农业生产,缩小城乡发展差距,从而消除二元经济结构,这为广大发展中国家的发展提出明确的指引。

2.2.3 人力资本与人口流动理论

承袭托达罗模型的研究思路,不难发现个人决策在劳动力转移中的重要作用。但是为何一些农村劳动力做出转移决策而另一些劳动力选择不转移?究竟是什么因素驱使劳动力做出转移的选择?以 Mincer(1974),Becker(1975)等人为代表的人力资本理论可以较好地做出回答。人力资本相关理论主要以工资作为衡量个人能力的函数,劳动者的人力资本特征决定其转移后获得工作的概率以及工资水平。只有较高水平的人力资本持有者才更愿意转移出去从事城市地区相应的工作。

2.2.4 新劳动力迁移经济学

刘易斯的二元结构理论从宏观视角出发,强调农业部门存在着无限供给的劳动力,只要工业部门提供的工资水平超过农业部门,就会存在持续的劳动力乡—城转移,而忽视了个体决策对转移的重要解释力。托达罗模型考虑到个体根据"预期收入"来做出是否转移的决策,但是却较难解释为何家庭中一些成员做出转移决策而另一些人并未转移。将人力资本理论结合到人口流动理论中可以回答为什么较高水平的人力资本持有者更愿意做出转移安排的问题,但是却无法解释为何转移出去的劳动力仍然与原有家庭保持密切的关系,并且将所得收入汇到原有家庭中。

由 Stark(1991),Stark 和 Bloom(1985)提出的新劳动力迁移经济学可以较好地回应上述问题。

新劳动力迁移经济学理论(new economics of labor migration,NELM)强调以农户家庭为基本的分析对象,而农户家庭由不同人力资本水平的农户个体构成。其成员存在着不同的风险偏好和获得收入的能力,同时受到社会环境的系列影响。家庭成员做出是否转移的决策不是简单的个人考量,而是在衡量家庭整体状况后由全体成员做出的共同选择。其转移的目的是提高家庭收入水平、降低家庭收入风险、缓解市场缺失造成的不完善,尽可能提高家庭福利水平。转移出去的劳动者通过汇款收入为家庭提供资金支持,以供家庭进行生产性投资或者日常消费;未转移的劳动者则为转移人员提供流出成本和失业期间或者遭遇意外时的基本生活开支。新劳动力迁移经济学理论内在的含义是在不完善的市场机制下,农户家庭存在着一种隐性的契约安排,通过这种安排形成成本分担、利益共享的理性行为。

新劳动力迁移经济学为本书提供了很好的研究视角,以此从农户家庭成员集体决策出发,研究农户非农就业的决定因素以及对农业生产的相关影响。

2.3 非农就业影响农户农业生产的理论推导

在古典主义刘易斯二元结构理论框架、新古典主义费—拉模型框架下,劳动力转移形成农业部门人力资源的流失,其主要通过劳动力市场影响农村经济,具体作用机制可以通过劳动力边际产出曲线来展现(见图2.1)。

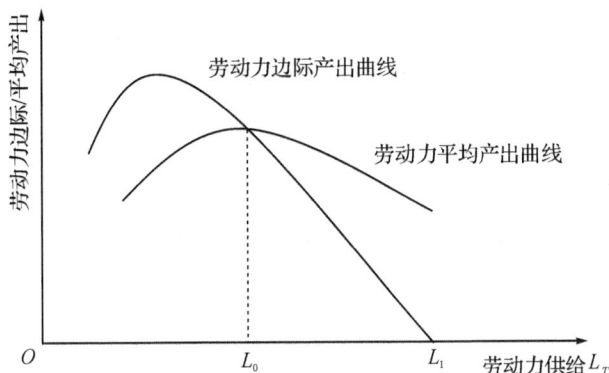

图 2.1 古典主义与新古典主义框架下农村劳动力流出对劳动力市场的影响

依据古典主义刘易斯二元结构理论,农村劳动力存在无限供给,劳动力流出的机会成本为零,向外输出劳动力不会影响农业生产力,但会提高农业生产劳动力的平均产出。伴随着劳动力持续转移到城市工业部门,当从事农业生产的劳动力数量低于 L_1 时,其边际生产力成为正值。(L_1 表示劳动力边际产出为 0 时的劳动力供给数量;L_0 表示劳动力边际产出和平均产生相等时的劳动力供给数量;L_T 代表劳动力供给数量)此时,若要继续推动劳动力向城市部门转移,则必须不断提高农业劳动力的生产率,以防止农业部门产出下滑。此阶段已经进入新古典主义费—拉模型的解释范畴。但是费—拉模型将农业生产部门当作一个"黑箱",无法深入透彻阐释非农就业对农业生产的影响。

根据人力资源与人口流动相关理论,非农就业流出的人员是高质素人力资本持有者,相对留守务农人员,他们具有较高的受教育水平、专业技能、身体素质以及冒险精神,他们的流出对农村发展产生不利的影响,降低了农村整体人力资本持有量,引发农村经济的"智力衰退"。

新劳动力迁移经济学改变了以往研究劳动力转移的研究范式,前提假定发展中国家存在着劳动力、资本与保险市场的不完善,农户家庭通过获取外出者的汇款,缓解资金、信贷、保险市场等方面的约束,改善其生产投资水平,从而促进家庭农业生产力的提升;但是农户家庭也有可能产生"道德风险",并没有将汇款投入生产当中,而是改善其住房、消费水平,削弱了农业生产的积极性。此外,农村劳动力流出降低了农业投入劳动力的数量,减弱了农户对农业生产的重视程度,一定程度上导致出现粗放式田间管理甚至土地撂荒现象。因此,非农就业对农业生产的影响取决于汇款流入的增收效应和劳动力缺失的消极效应两者综合作用后的结果。具体而言,可以通过图2.2展示其作用机理。

图2.2中,农户从事农业活动获得的产出为 Q_1,非农活动获得的产出为 Q_2,PP 为生产可能性边界,$C(\cdot)$ 代表一系列的资源要素(土地、资本和劳动力)约束。非农就业改变了农户资源要素约束,使得 $C(\cdot)$ 沿着箭头方向向上或者向下移动,造成农户均衡产出发生改变。

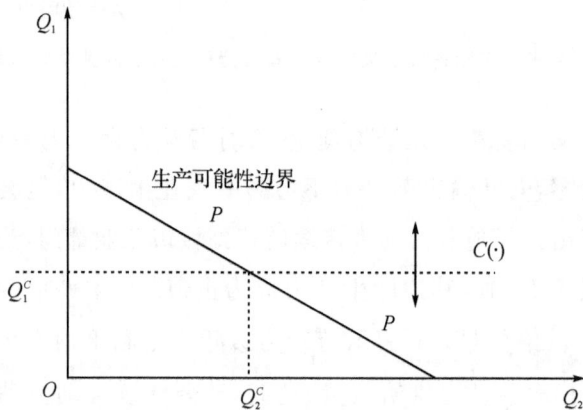

图 2.2　新劳动力迁移分析框架下非农就业对农业生产的影响(一)

图2.3展示了非农就业对农业生产的影响之一。假设在未从事非农活动前,农户原有的资源要素组合水平为 C_0,产出相应为 Q_1^0。当劳动力的流失效应超越汇款的收入效应时,农户资源要素组合水平由原有的 C_0 下降到 C_1,相应产出水平由原来的 Q_1^0 下降到 $Q_1^{C_1}$,此时意味着非农就业形成的劳动力短缺效应起到主要作用,非农就业对农业生产产生不利影响。此种情况较多出现在初期非农就业时段,家庭取得汇款收入通常用于改善家庭生活水平,如房屋修缮、添置新家具或电器等,并未投入生产性投资领域当中。除此之外,要素之间存在有限的替代关系,对一些农业生产基础设施较差、机械化水平低的地区,非农收入较难替代农业劳动力,劳动力流失效应起到主要作用。并且随着非农就

业程度不断加深,留守劳动力从事农业生产的机会成本逐步提升,鉴于基础设施状况较差等原因,无法形成资本对劳动力的替代,农户要素资源组合水平进一步下降到 C_2,产出相应下降为 $Q_1^{C_2}$,农业生产状况不断恶化,直至退出农业生产。抑或是当农户要素资源组合在 C_1 时刻,农户非农收入比重不断增长,家庭对农业生产的重视程度与积极性下降,仅将要素资源组合维持在 C_1。

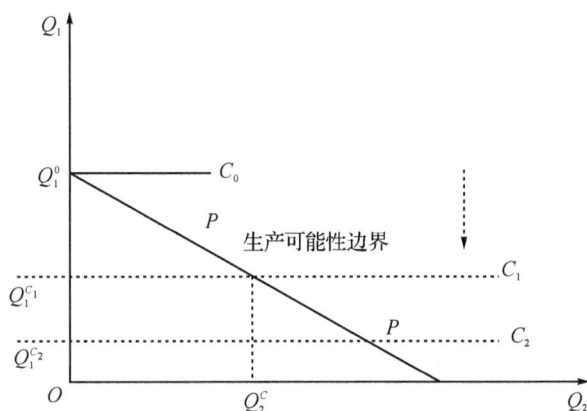

图 2.3　新劳动力迁移分析框架下非农就业对农业生产的影响(二)

图 2.4 展示了非农就业对农业生产的另一种影响。期初,农户要素资源组合为 C_1,非农收入汇入形成的收入效应逐步显现,农户将资本投入生产中取代流出的劳动力,从而获得生产效率的提升,由此家庭的资源禀赋组合水平提升到 C_2。由于非农产出 Q_1 不变,而农业产出 Q_2 相对提高,生产可能性边界即会向外移动,由此农业产出由 $Q_1^{C_1}$ 提高到 $Q_1^{C_2}$。当收入效应持续加大,形成对劳动力的完全替代时,农户的农业产出甚至会超过 Q_1^0,转化成资本密集型行业。但是这种状况较为极端,主要发生在机械化水平高、基础设施完善的地区。

由上述情况总结可以发现,非农就业对农业生产的影响主要取决于劳动力的流失效应和汇款的收入效应两者互相作用的结果。两种效应改变了农户的资源禀赋组合以及生产投入决策,进而形成对农业生产的影响。此外,资本对劳动力的替代弹性影响着两种效应对农业生产的净效应。

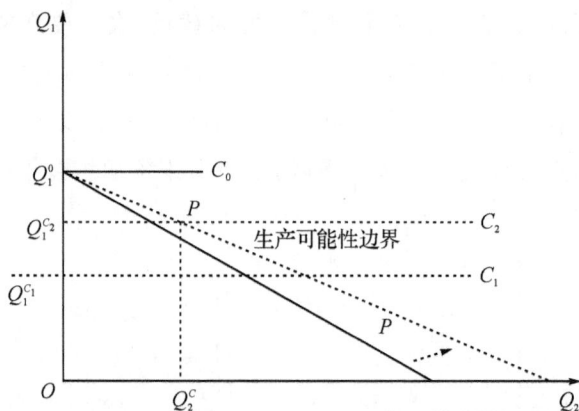

图 2.4 新劳动力迁移分析框架下非农就业对农业生产的影响(三)

2.4 国内外相关研究进展综述

在我国劳动力非农就业快速增长的现实状况下,为了更好地分析非农就业对农户农业生产的影响,有必要对国内外相关文献进行一定的梳理,从中掌握研究问题在理论与实证层面的发展脉络,为本书奠定基础。在综述文献的过程中,根据前面章节对相关概念的界定,此部分主要涉及非农就业、劳动力转移、劳动力流动等对农户农业生产相关方面的影响。

2.4.1 非农就业对农户农业生产产量的影响

已有研究针对劳动力非农就业对农业生产产量的影响并未达成一致结论,主要因其内在作用机制较为复杂(De Brauw,2010),并且针对产出的具体衡量标准,既有选择农作物单产作为标准的,又有选择单一或者多种作物的总产出作为标准的。

Rozelle 等(1999)利用在河北和辽宁两省的农户调查数据,基于新劳动力迁移经济学分析发现,农户劳动力转移取得的汇款收入效应没有抵消劳动力转移形成的流失效应,劳动力转移造成了样本地区农户玉米亩均产出的下降。蔡昉(2008)对我国农业发展阶段性特征进行了分析,发现劳动力短缺形成的老龄化影响了农业技术进步与农业生产,即劳动力转移导致粮食产量下降。Pfeiffer等(2009)采用2003年墨西哥的数据,结合工具变量分析方法验证了拥有非农收入农户和没有非农收入农户在生产行为、技术和要素使用等方面的差异,通过分析发现非农收入对农业产出存在负面影响,但是对购买生产投入品的需求上升。De Brauw(2010)结合越南农村的数据分析发现,劳动力的季节性转移对农户水稻产量产生负面影响,部分农户甚至退出水稻生产。钱文荣和郑黎义(2010)采用江西农户的调查数据,研究发现,劳动力转移的农户会利用汇款收入增加化肥与农药的投入,但会忽视田间管理,从而导致水稻亩产下降。郭熙保和赵光南(2010)通过对我国农村留守劳动力结构劣化的思考,发现长期的劳动力转移导致留守农民老龄化、女性化和低素质化,由此形成粗放式经营甚至撂荒,影响农业产出。秦立建等(2011)通过对安徽省1995—2002年的农户数据研究发现,劳动力的非农转移减少了农户的农业生产投工量,降低了农户的粮食产量。陈锡文等(2011)研究发现农村劳动力的大量转移进城导致我国第一产业从业人员数量减少,在2003—2009年这一研究区间,农业劳动力投入对产出的贡献为负值,不利于农业的发展。盖庆恩等(2014)基于2004—2010年全国固定观察点山西、河南、山东、江苏和浙江的数据研究发现,男性劳动力和壮年女性劳动力的非农转移会加大农户退出农业生产的概率,还会降低农业产出和增长率。

以上研究结论支持非农就业、劳动力转移对农业生产带来负面影响;但是也有研究得出的结论与此相异。

马忠东等(2004)采用1992—2000年全国市县的统计数据,研究发现劳动力转移对粮食产出几乎没影响。石智雷和杨云彦(2011)研究发现,农户家中是否有外出务工回流劳动力,对粮食亩产有着重要的影响。若农户家中有回流劳动力从事生产,则粮食亩产增加18.7%,其主要原因在于劳动力外出务工提高了自身人力资本水平。林坚和李德洸(2013)采用2010年粮食主产区河南的数据,研究发现非农就业对粮食的亩均产出几乎没有影响,非农就业对粮食生产存在较强的互补性。Li等(2013)利用2009年在我国西北地区10个村庄的调研数据分析发现,尽管非农就业产生了劳动力的流失效应,但是汇款收入有效补偿了这种负面影响,提高了生产力。李谷成等(2015)结合全国13个油菜种植主产区的数据分析发现,机械以及化肥投入发挥了对劳动力的替代作用,劳动力流出并未对油菜单产产生不利的影响。

有些研究考察了非农就业引发的劳动力结构性变化,如 Wu 和 Meng (1996)结合 1993—1994 年我国 5 个省份的调查数据,从劳动力结构性变化角度出发分析,发现若具有丰富劳动经验的农业劳动力没有大量减少,非农就业就不会对粮食产量产生影响。陈钊和陆铭(2008)研究发现,我国农村劳动力外流引发了劳动力投入结构性的变动,而劳动力投入结构的变动是我国农业全要素生产率增长的重要动因,由此提高了我国的粮食产量。

有些研究区分了非农就业的异质性,如 Feng 等(2010)结合江西省农户的水稻种植数据分析发现,在 52 个农户种植的 215 块地块上,非农就业获取的汇款收入抵消了劳动力流失的负面效应,本地非农就业以及外出务工均对水稻亩均产出没有显著影响。

有些研究区分了非农就业对粮食生产产生的区域性差异。王跃梅等(2013)结合 1978—2008 年的数据分析发现,我国农村劳动力外流对粮食生产存在区域性差异,劳动力外流对主销区产出无显著影响,对主产区和平衡区产出存在显著正向影响,有效缓解了后两个地区劳动力内卷化的效应。程名望等(2015)采用 2001—2003 年的面板数据,结合 C—D 生产函数,采用固定效应模型具体分析了农村劳动力外流对粮食生产的影响以及区域差异。在研究中他们将我国区域具体划分为粮食主产区、主销区与平衡区,研究发现,从全国层面、粮食主产区和产销平衡区来看,劳动力外流并未对粮食产量产生影响,但是对主销区有显著的负向影响。除此之外从时间跨度来看,在研究的时间范围 2001—2003 年内,并未存在负面影响加剧的趋势。除此之外,程名望等(2013;2015)的相关研究也得出了类似的结论。

2.4.2 非农就业对农户农业生产效率的影响

农业生产的技术效率可以反映农户家庭对农事生产活动的管理能力。在完善的市场条件下,非农就业对技术效率并无影响,主要由于市场可以及时提供雇工弥补非农转移带来的劳动力短缺,以及农户可以通过信贷与保险市场获得金融支持。但是在广大发展中国家与地区,最现实的前提考量是不完善的市场机制,劳动力市场无法及时提供雇工来弥补非农就业形成的需求缺口,引发生产效率降低。但是非农就业通过务工汇款提升了家庭的现金流动能力,使得家庭有能力承担生产性投资的成本,以促进生产水平提升。因此,非农就业对农户农业生产技术效率的影响有复杂的作用机制,有待通过实证的检验(林本喜,邓衡山,2012)。

有学者认为非农就业对技术效率产生负面影响,降低了技术效率水平。Benjamin 和 Brandt(2002)采用 1995 年我国河北和辽宁的 780 户农户调研数据,分析发现鉴于两地存在大量剩余劳动力,因此伴随着非农就业机会的增长,农户生产效率损失显著下降。Azam 和 Gubert(2005),李谷成等(2008)通过研究发现,尽管务工农户将汇款收入投入生产性投资当中,但是汇款收入的增加形成了"道德风险"问题,引发农户的偷懒行为,由此导致技术效率水平的下降。

但是,也有研究认为非农就业对技术效率起到提升作用。Mochebelele 和 Winter-Nelson(2000)以莱索托的数据研究发现,由劳动力务工得到的汇款收入有效弥补了外出务工的短缺效应,有劳动力外出务工的农户的技术效率水平显著高于没有的农户。Taylor 和 López-Feldman(2010)采用 2002—2003 年墨西哥的数据,分析发现迁移会提高输出家庭的土地生产率。黄祖辉等(2014)以江西省 325 户水稻种植农户的地块层面的数据为依据发现,非农就业虽然提升了农户务农的机会成本,但是会促使生产要素得到更合理的配置,田间管理能力提升,从而使得技术效率水平上升。Zhang 等(2016)基于江苏省四个村庄三轮(2002 年、2006 年、2010 年)69 户农户形成的平衡面板数据,结合工具变量面板分位数回归方法,发现非农就业对农户技术效率存在显著正向影响。

另外,有学者研究表明,非农就业对技术效率没有显著影响。郑黎义(2011)基于 2009 年江西省的农户数据,综合采用随机前沿生产函数以及数据包络分析的方法,研究发现外出务工形成的劳动力流失效应和务工流入的汇款效应共同作用后,劳动力外出务工对水稻生产技术效率没有产生显著影响。Chang 和 Wen(2011)直接将农户分为纯农户和非农参与农户来估计两组技术效率的差异,以避免采用工具变量法等其他方法产生的估计误差,他们的研究结论支持非农就业和技术效率并没有必然联系。Yang 等(2016)以我国 5 个省份超过 2000 家农户 2004—2008 年固定观察点的面板数据为样本来源,结合改进的随机效应方法来讨论随机前沿生产函数中的非效率项,以此控制非农决策中不可观测的影响因素。他们的研究结论表明,非农就业(包括当地非农就业以及外出务工)并没有对粮食生产技术效率产生负向影响。

有些研究进一步细化了非农就业的不同特征,如就业地点、就业收入、就业的代际差异、就业区域等,以此研究它们对技术效率水平是否存在差异化的作用机制。Kilic 等(2009)将农户区分为商业化农户和非商业化农户进行了对比分析,研究表明,对非商业化农户来讲,非农收入产生了技术效率递减的效应;而对商业化农户来说,非农收入对技术效率并未产生显著影响。Wouterse (2010)利用布基纳法索的数据分析发现,外出务工距离对技术效率呈现不同的影响。他在具体研究中纠正了由务工内生性可能带来的样本估计误差,并且纳入了务工人员数量和农业资产的交互项,此项的估计结果表明,农户会用务工收入购买生产性资产,补偿务工带来的技术效率损失。Wang 等(2010)通过研究发现非农就业对农户的土地生产效率呈现 U 形的影响,当非农收入水平处于临界点前,非农收入产生的负面影响超过对资本存量的正面影响;当非农收入水平超越临界点后,非农收入对土地生产率产生正面影响。此外,陈素琼和张广胜(2014)采用辽宁省 288 户农户的调研数据,研究劳动力转移对生产技术效率的代际差异。研究发现,新生代农户在化肥上的投入较第一代农户少,但技术效率无明显差异。马林静等(2014)将研究视角划分为主产区、主销区和平衡区,研究了 2001—2010 年劳动力转移对不同区域产生的不同影响,其研究结论表明,非农转移对三大区域的粮食生产技术效率均产生正向影响,但是影响程度存在差异性,对平衡区影响程度最深。

2.4.3　非农就业对农户农业生产结构的影响

非农就业产生的收入效应和劳动力流失效应使得农户面临的要素资源约束状况存在多种可能,从而影响农户的投入、产出的组合安排,最终影响农户的生产结构。在已有的研究中,涉及生产结构转变时,衡量的标准较多采用粮食作物和经济作物的种植面积,或者种植业和畜牧养殖业的规模。

Taylor 和 López-Feldman(2010)以墨西哥的数据分析发现,外出务工显著提高了农户经济作物的参与程度并从中获得了更多的收入。De Brauw(2010)使用越南的数据分析发现,劳动力外出务工导致水稻种植规模缩小,但资本密集型产业的规模并未相应扩大。李德洗(2012)以 2010 年河南省的农村住户调查和农民工监测调查数据展开分析,在具体研究中他划分了耕地规模大小和非农就业类型。他的研究结论表明,对耕地规模较小的农户来说,本地非农就业减少了粮食的种植面积,而外出务工则增加了粮食的种植面积;对耕地规模较大的农户来说,本地非农就业促使小麦和玉米的种植面积上升,但外出务工则使粮食种植面积显著下降。钟甫宁等(2016)从理论与实证两个方面入手,结合2004—2011年全国农村固定观察点中13个粮食主产区的面板数据展开研究,分析表明外出务工会促使农户提高粮食种植面积比例,形成种植业的结构性调整。Wouterse 和 Taylor(2008)采用布基纳法索的农户数据,研究发现外出务工对农户粮食生产产生负面的影响,而对家禽养殖业产生正面影响。McCarthy 等(2006),Miluka 等(2010)的相关研究也得出了与此相类似的结论。

此外,还有研究从种植多样性角度分析了生产结构的变化。钟太洋和黄贤金(2012)采用江苏省农户的数据,结合泊松回归方法进行实证分析,研究结论表明,若负责家庭农业生产的人员参与了非农就业活动,则农户的农业种植多样性就会降低。另外,在讨论生产结构变化时,Kuiper(2005),陈风波和丁士军(2006)均发现,我国农户的外出务工导致了水稻种植由双季稻模式转变为单季稻模式。

总体来说,现有研究针对非农就业对农业生产结构的影响探讨得较少,主要是由于较难获得一种或者多种种植业、养殖业的投入一产出数据,或者由于地区差异,同一种农作物在不同地区被划分为不同的生产属性。因此,针对相关议题的后续研究仍然值得深入推进。

2.4.4　非农就业对农户农业收入的影响

非农就业产生的汇款与农户家庭总收入的联系是统一的(王子成,邓江年,2014),因此研究非农就业对家庭总收入的影响着重研究非农就业对农户农业收入的影响。其内在隐含机理即是检验汇款收入是否可以部分或者完全补偿因劳动力约束产生的损失。

Taylor 和 Martin(2001)采用我国河北和辽宁的调研数据,构建了一个包括以农户各种来源收入为因变量的联立方程模型,在控制了可能存在的内生性问题后,使用三阶段最小二乘法进行研究,结论表明外出务工形成的劳动力流失效应对农户种植业的收入产生了明显的负面影响。Taylor 等(2003)结合在中国的调研数据发现,农户家庭每增加一个外出务工人员,其农业收入将下降1414元,但是一个外出务工人员可以为家庭提供汇款收入396元。钱文荣和郑黎义(2010)使用2009年江西省230户农户的数据展开分析,构建包含农业收入、汇款收入和非农收入为因变量的联立方程模型,同样采用三阶段最小二乘法估计发现,农户的外出务工对家庭农业收入产生负面影响,但是务工者的汇款收入可以补偿此种负面影响。

Taylor(1992;1999),Reardon等(2000)对墨西哥的研究,以及McCarthy等(2006),Beaudouin(2006)分别针对两个发展中国家阿尔巴尼亚和孟加拉国的研究均表明,劳动力外出务工显著正向影响农户农业收入。Stampini和Davis(2009)发现外出务工会使得农户更多采用资本要素来缓解农业生产中出现的信贷约束,从而提高了农户的农业收入。冉璐等(2013)采用2008年中国综合社会调查的相关数据,结合分位数回归和分解的方法研究了非农工作经历对农户务农收入的差异化影响及其内在成因,研究结论表明,具有非农工作经历的农户的务农收入显著高于纯农户。

有些研究进一步区分迁移特征、农户特征等,使得相关研究结论更加细致与深入。Taylor等(1996)考虑到农户初始家庭财富特征不同,发现对原本就具有高流动性资金水平的家庭来说,汇款收入会显著增加农业收入,但是若期初农户资产水平较低,汇款对农业收入的作用效应要相对小些。王子成(2015)基于迁移异质性视角,采用中国城乡劳动力流动调查数据分析发现,劳动力外出对农业生产和非农经营活动均产生了负面影响,常年外出的模式相较循环流动的外出模式对农业收入的负面影响更强烈;跨省流动的模式相较省内流动的模式负面影响更显著。

总体来看,在研究劳动力非农就业对农业收入的影响时,需要对各种来源收入进行明确的划分,尤其是对农业收入的作用机理需要因研究区域、农户特征等不同而具体分析。

2.5 对现有研究的评述

2.5.1 总结

通过上述文献回顾,本书从四大方面总结梳理非农就业对农户农业生产的影响。

第一是关于非农就业对农户农业生产产出的影响。已有研究采用不同标准衡量产量,如亩均产量或者总产量;在研究样本时,有些只选择单一作物,有些则选择多种作物换算后的综合产量;相应研究方法产生差异化的实证结果,需要具体分析。

第二是关于非农就业对农户农业生产技术效率的影响。总体来看,针对本方面的研究也存在结论的争议性。值得深入学习分析的是有些研究细化了非农就业的不同特征,如就业地点、就业收入、就业的代际差异、就业区域等,以此研究它们对技术效率水平是否产生差异化的作用机制。

第三是关于非农就业对农户农业生产结构的影响。在已有研究涉及生产结构转变时,衡量的标准较多采用粮食作物和经济作物的种植面积的变化,或者种植业和畜牧养殖业规模的变化。此外,还有研究从种植多样性角度分析生产结构的变化。

第四是关于非农就业对农户农业收入的影响。已有研究着重关注非农就业对农户农业收入的影响。

总体来看,非农就业对农业生产各个方面产生了复杂的影响,学者们从早期对此问题整体的研究视角已经转变为从分类别的异质性研究入手,观察不同特征的非农就业、不同组别的农户家庭资本等形成的差异化影响。另外,学者们从之前着重关注非农就业中的外出务工逐渐变化为关注非农就业的整体,即本地非农活动和外出务工。但是,随着我国现实状况的变化,在转型时期,有必要采用新的实证数据进一步探讨非农就业对农业生产的复杂影响,以得到可靠的研究结论。

2.5.2 本书关注的问题

本书以新劳动力迁移经济学为分析框架,从微观农户入手,系统分析在不完善的市场条件下,非农就业对农户农业生产的影响。具体来看,本书在以下几个方面丰富了已有的相关研究。

第一,关于非农就业对农户生产产出的影响,既考虑到对产出数量、产出面积的影响,又考虑到对技术效率的影响,使得产出环节的考量较为综合全面。并且在探究对产出数量的影响时还进一步结合了宏观的分析数据,从而印证微观估计结果的可靠性。除此之外,在分析对技术效率的影响时,采用"一步法"

随机前沿生产函数测定农户技术效率,改进了以往两步法中需要估计无效率的分析模式,使得估计结果的呈现简明而有效。

第二,研究粮食生产结构时加入了大豆种植状况这一指标。之前相关研究较多集中于水稻、小麦和玉米种植的结构安排,但是较少研究大豆种植的相关情况。鉴于样本来源省份黑龙江省是我国大豆产量第一大省,加入研究大豆的种植状况更符合样本区域的实际,并且对我国粮食种植结构调整具有指导意义。

第三,在研究粮食生产结构时做到以粮食为核心,分别研究非农就业对粮食内部、外部种植结构的影响,并且从全局的视角出发探究对农户整体种植结构的影响。如此,既做到突出重点,又形成了全局化的研究布局。

第四,关于非农就业对收入的影响,着重研究了非农就业对农业经营收入的影响,并且进一步细分到对粮食作物和经济作物的影响,最后再系统探究非农就业对农户总收入的影响,总体来说对农户收入的分析较为全面、具体。除此之外在实证方法的运用上较为多元化。在分析非农就业对农业经营收入的影响时,采用内生转换回归模型对其处理效应进行了估计;在分析对粮食作物和经济作物的影响时,先采用内生转换回归模型进行估计,再通过 Heckman 两阶段模型进一步验证估计结果的可靠性;在分析对农户总收入的影响时,采用半对数回归的模型设定以及两阶段最小二乘法进行具体估计,并且进一步通过分位数回归观测分析结果。

第五,在研究中注重沿袭已有研究对非农就业异质性的考量,具体分析非农就业的异质性对生产决策产生的差异化影响,从而避免在实证中采取统一化的非农就业标准所导致的"平均化"分析结论。

2.6　本章小结

本章是相关理论与研究进展的综述部分,是进行后续研究的理论与文献基础,起到重要的承上启下的作用。第一,本章总结了农户经济行为相关的重要理论,为后续分析农户决策行为奠定基础,具体来说回顾了利润最大化理论、劳动消费均衡理论、风险规避理论和可持续生计理论。第二,本章总结梳理了研究所依靠的重要理论基础——人口流动相关的经典研究,具体包括刘易斯二元结构理论及其拓展、托达罗模型、人力资本与人口流动理论和新劳动力迁移经济学。第三,本章承袭新劳动力迁移经济学的研究范式,形成非农就业影响农户农业生产的理论推导过程。第四,本章对国内外的相关研究进展进行了详细的综述,具体从非农就业对农户农业生产产出、生产效率、生产结构和农户收入的影响几大方面进行具体的文献整理。第五,本章对现有研究进行了一定的评述,并进一步提出了本书所关注的问题。

03/

宏观背景与农户调研数据简介

在介绍了相关理论与研究进展之后,有必要针对研究的宏观背景与具体的农户调研数据进行简介汇总,从宏观与微观视角出发做基本统计分析,为后续实证分析相关问题奠定基础(杨志海,2015)。本章的安排如下:首先,介绍转型时期我国非农就业发展的基本特征,主要介绍非农就业发展的阶段划分与基本特征、非农就业发展的结构性特征;其次,介绍转型时期我国粮食生产发展的基本特征,主要从粮食产量、播种面积、种植结构、劳动力要素替代以及粮农收入等方面进行统计分析;再次,主要介绍黑龙江省基本情况、样本农户家庭基本情况、样本农户家庭农业生产基本情况、样本农户家庭收支情况、样本农户家庭非农就业情况;最后,本章小结。

3.1 转型时期我国非农就业发展的基本特征

我国非农就业发展基本上可以分为转型初期的低速发展阶段(1978—2000年)和 21 世纪以来的中高速发展阶段(2001 年至今)。

3.1.1 非农就业发展的阶段划分与基本特征

改革开放以前,由于我国实施严格的户籍管理制度,农村、农业劳动力,无法做到自由流动,由此形成城乡二元分割体制,城乡差距逐步扩大。同时,由于我国整体经济社会处于调整与恢复期,农村内部的非农就业机会极其稀缺,农业隐性失业的现象较为严重。

改革开放以后,我国的经济管理体制与社会经济运行状况发生了深刻的变化,对广大农村地区来说,以家庭联产承包责任制为代表的新制度的推出与执行,为农民带来了翻天覆地的变化,极大地激发了农户的生产积极性、提高了农业生产与农户收入水平。与此同时,城镇经济的不断发展创造了大量非农就业岗位,推动我国步入农村劳动力转移进城的新时代。

进一步根据发展的时间阶段,可以将 1978 年至今的非农就业发展阶段划分为 2000 年前的低速发展阶段和 2001 年至今的中高速发展阶段。初期低速发展的特征是非农就业的整体规模较小,速度较慢,处于低水平的发展阶段;中高速发展的特征是非农就业的整体规模不断扩大,速度较快,总体上处于平稳较快增长的发展阶段(见图 3.1 和图 3.2)。

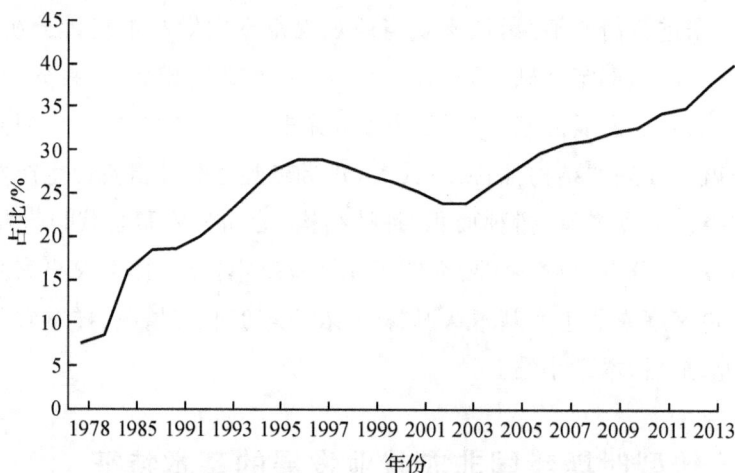

图 3.1　我国农村劳动力非农就业人数比重变化情况(1978—2014 年)
数据来源:根据《中国农村统计年鉴 2015》整理而得。

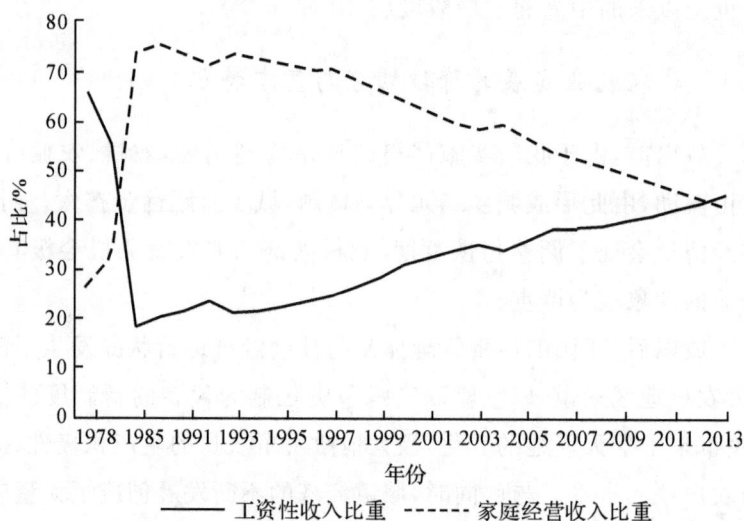

──── 工资性收入比重　　- - - - 家庭经营收入比重

图 3.2　我国农村居民家庭人均纯收入结构变化情况(1978—2013 年)
数据来源:根据《中国农村统计年鉴 2014》整理而得。

3.1.1.1　低速发展阶段(1978—2000 年)

针对 1978—2000 年低速发展阶段的特征,可以进一步将其划分为四个小阶段:起步阶段、飞跃阶段、低潮阶段以及第二次飞跃阶段。

(1)起步阶段(1978—1983年)

在起步阶段,我国政府对农村劳动力流动的基本政策是"离土不离乡",即鼓励农村劳动力留在乡村内部,而非向城镇转移。同时为了促使农村劳动力留在乡村内部,国家大幅度提高农产品的收购价格,调动农户生产积极性。

因此,在这个阶段,较少农村劳动力会转移到非农产业。此外,我国整体的经济社会发展水平还较为有限,非农产业的发展亦处于起步阶段,市场对劳动力的需求量较小。因此,尽管我国农村地区存在大量剩余劳动力,但非农就业的转移规模不大,速度较慢。

(2)飞跃阶段(1984—1988年)

1984—1988年,党和政府制定和推出一系列政策,大力促进农村劳动力转移进城。如1986年《关于国营企业招用工人的暂行规定》、1988年《关于加强贫困地区劳动力资源开发工作的通知》,逐步允许企业招收农村劳动力,并组织劳动力的跨区域流动。20世纪80年代后期,针对农村劳动力的就业、住房、医疗、子女教育等方面需求,党和政府又相继推出一系列制度改革与调整。同时,我国农业产量连年增长,一度出现"卖粮难"现象,农村劳动力的隐性失业问题日益严重,而乡镇企业的崛起为农村剩余劳动力的疏导创造了有利的通道。在这样一个有利的政策环境下,非农就业劳动力供给的增加和需求的扩大,形成了改革开放后第一个非农就业发展的飞跃阶段。

(3)低潮阶段(1989—1991年)

针对1988年经济运行状况过热的情况,政府出台了强有力的宏观调控措施,实施了全面的治理整顿。1989年,针对乡镇企业的发展,国务院政府工作报告中提出"乡镇企业要根据国家的宏观要求和市场需要,在治理整顿期间适当降低发展速度",由此对乡镇企业的政策导向从支持转变为限制,引发乡镇企业发展的阶段性停滞,接纳农村劳动力转移的能力下降。非农就业岗位的短缺使得这个阶段非农就业的发展陷入低潮期。

(4)第二次飞跃阶段(1992—2000年)

我国经济运行状况在1991年下半年进入高速发展时期。为了进一步激发经济运行的活力,党和政府推出多项政策措施鼓励与支持乡镇企业和民营经济的发展、农村劳动力向非农产业和城镇转移,逐步改革城乡分割的二元经济管理体制,放松对农村劳动力进城务工的制度性限制。例如,在 1991 年提出要统筹城乡劳动力就业管理、颁布《关于进一步加强农业和农村工作的决定》,强调"积极发展乡镇企业是繁荣我国农村经济、增加农民收入、促进农业现代化和国民经济发展的必由之路"。伴随着社会主义市场经济体制的不断发展与革新,农村劳动力向非农产业转移具备了良好的经济基础,劳动力转移进入一个相对快速发展的时期,形成阶段性的第二次飞跃。

3.1.1.2 中高速发展阶段(2001 年至今)

进入 21 世纪以来,我国农村劳动力的非农就业进入崭新阶段。党和政府逐渐取消了以城乡户籍为依托的制度性分割限制,并且推出了一系列保障进城务工农民工合理权益的制度安排,如乡镇机构综合配套改革、农民工社保制度;在农村推出多项政策措施保障外出务工有序开展,如土地承包管理制度改革、农村税费改革等,以此从城镇与农村双方面着手吸引农村劳动力进入非农行业就业,从而进入非农就业持续、平稳、较快发展的新阶段。

3.1.2 近年来非农就业发展的结构性特征

在划分了非农就业的发展阶段后,有必要关注近年来非农就业发展的结构性特征,下面主要从非农就业人员的性别、年龄、受教育水平和非农就业地点来探讨其相应特征。[①]

3.1.2.1 性别

从性别构成来看,我国非农就业人员总体以男性为主,占全部非农就业人员的 65.5%,其中外出非农就业人员中男性占比达到 68.3%,本地非农就业人员中男性占比为 62.8%。

3.1.2.2 年龄

从年龄构成来看,我国非农就业人员以青壮年为主,平均年龄为 39 岁,40 岁以下非农就业人员达到 53.9%(见表 3.1)。

---

① 数据来源:国家统计局《2016 年农民工监测调查报告》。

表 3.1 非农就业人员的年龄构成 单位：%

年龄	2012 年	2013 年	2014 年	2015 年	2016 年
16～20 岁	4.9	4.7	3.5	3.7	3.3
21～30 岁	31.9	30.8	30.2	29.2	28.5
31～40 岁	22.5	22.9	22.8	22.3	22.0
41～50 岁	25.6	26.4	26.4	26.9	27.0
50 岁以上	15.1	15.2	17.1	17.9	19.2

3.1.2.3 受教育水平

从受教育水平来看，我国非农就业人员中占比最高的为初中文化水平，达到 59.4%；其次为高中，达到 17.0%；紧接着为小学，占 13.2%；大专及以上的，占 9.4%；未上过学的，占 1.0%（见图 3.3）。

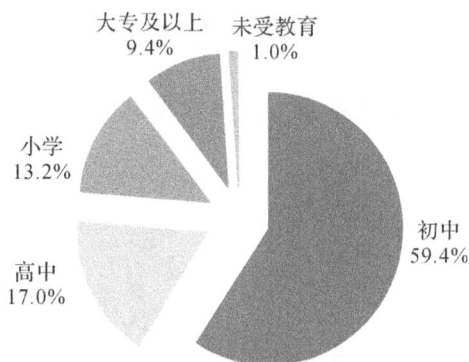

图 3.3 非农就业人员受教育水平构成

3.1.2.4 就业地点

2016 年，我国非农就业人员总量达到 28171 万人，其中本地非农就业人员 11237 万人，外出非农就业人员 16934 万人，外出人数较多（见图 3.4）。

在 2016 年外出非农就业人员的构成中，跨省流动的非农就业人员为 7666 万人，省内流动的非农就业人员为 9268 万人。省内流动的非农就业人员占据了较高的比例（见图 3.5）。

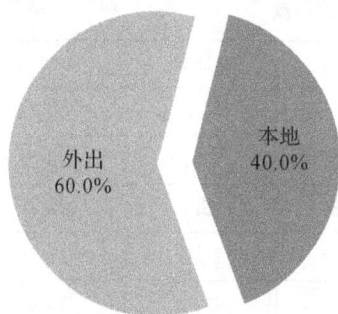

图 3.4　非农就业人员
地区构成(2016 年)

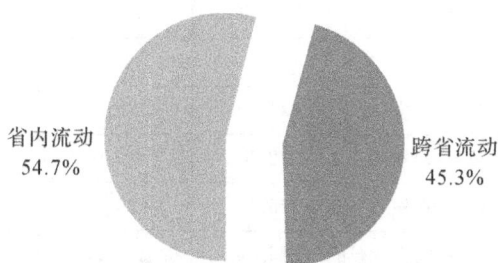

图 3.5　外出非农就业人员
地区构成(2016 年)

3.2　转型时期我国粮食生产发展的基本特征

3.2.1　粮食产出数量、播种面积基本情况

1978—2014 年,我国粮食产量与播种面积总体上呈现波动式上涨的趋势,其历年变化情况如图 3.6 所示。

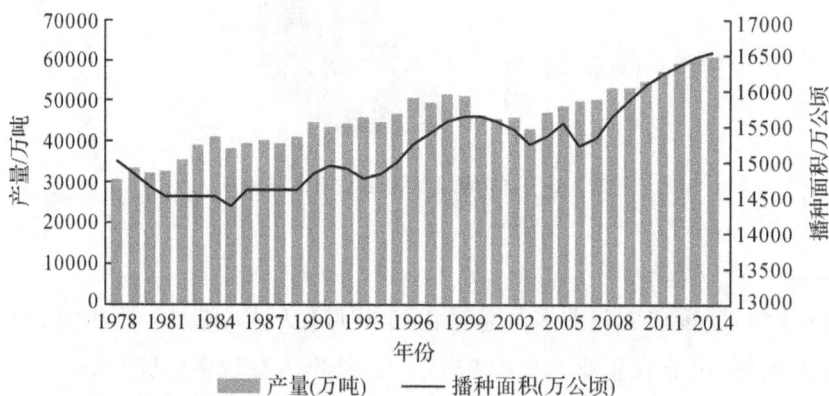

图 3.6　我国粮食产量与播种面积(1978—2014 年)

数据来源:《中国农村统计年鉴 2015》。

结合黑龙江省的情况来看,1980—2014 年,黑龙江省的粮食产量和播种面积总体上呈现上涨的趋势,2004 年以前呈波动式上涨,2004 年以后呈连续上涨。具体来看,黑龙江省在 1980 年粮食产量仅为 1462.4 万吨,2014 年已经达到 6242.2 万吨,30 多年间产量增长超过 3 倍;1980 年粮食播种面积为 731.8 万公顷,2014 年播种面积达到 1422.7 万公顷,30 多年间面积增长约 1 倍(见图 3.7)。

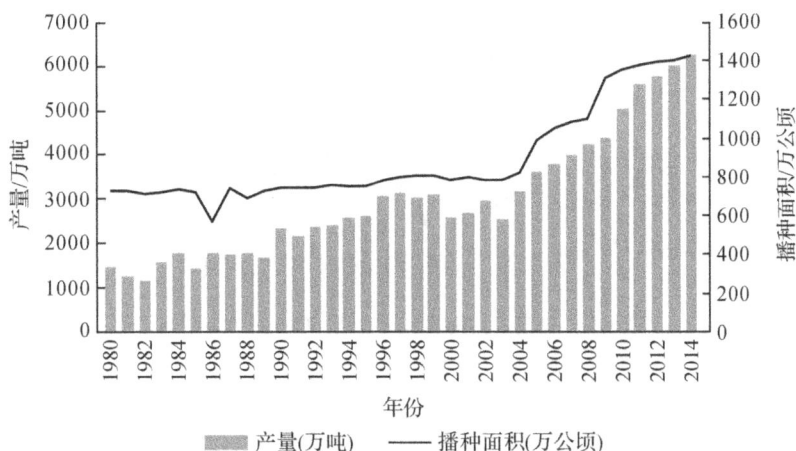

图 3.7　黑龙江省粮食产量与播种面积(1980—2014 年)

数据来源:《黑龙江统计年鉴 2015》。

3.2.2　劳动力投入与替代型要素投入变化情况

转型时期,伴随着农村非农就业人数的不断上升,农户对粮食生产的劳动力投入不断下降。1990 年,农户家庭从事粮食生产每亩用工天数为 17.3 天,到 2014 年降至 5.57 天,其间经历了快速下降;同时家庭雇工天数从 2003 年到 2014 年基本维持在 0.4 天左右(见图 3.8)。

从劳动力替代型要素的投入来看,农户普遍选择机械对劳动力要素进行替代,每亩粮食生产的机械费用与用工费用的比例从 1990 年的 10% 上升到 2014 年的 30%(见图 3.9)。这一点从图 3.10 农业机械持有量的变化中也可以得到印证:1978 年,我国农业机械总动力仅为 11749.9 万千瓦,2014 年达到 108056.6 万千瓦,30 多年间增长了 8 倍多。结合黑龙江省的实际情况来看,其总体发展趋势亦呈现农业机械持有量持续上涨的趋势:1980 年农业机械总动力为 709.3 万千瓦,到 2014 年达到 5155.5 万千瓦,增长了 6 倍多(见图 3.11)。

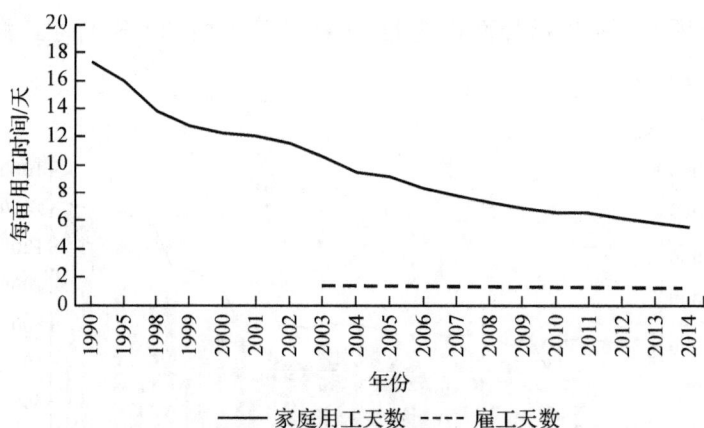

图 3.8　我国农户每亩用工天数(1990—2014 年)

数据来源:《全国农产品成本收益资料汇编》。

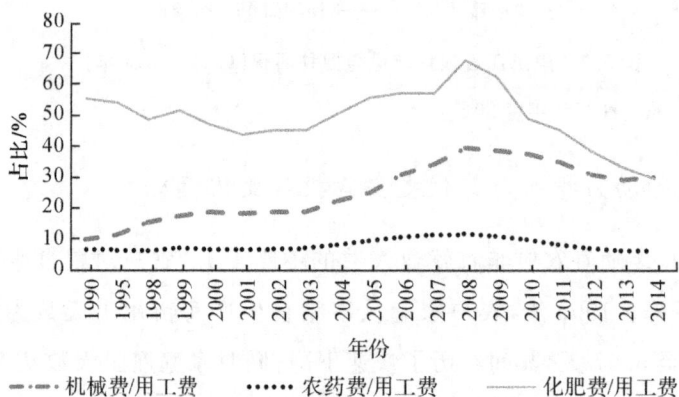

图 3.9　我国粮食生产劳动力要素替代情况(1990—2014 年)[①]

数据来源:《全国农产品成本收益资料汇编》。

---

①　2003 年以前的用工费用是家庭用工费用,2003 年以后的用工费用是家庭用工费用和雇工费用的合计。

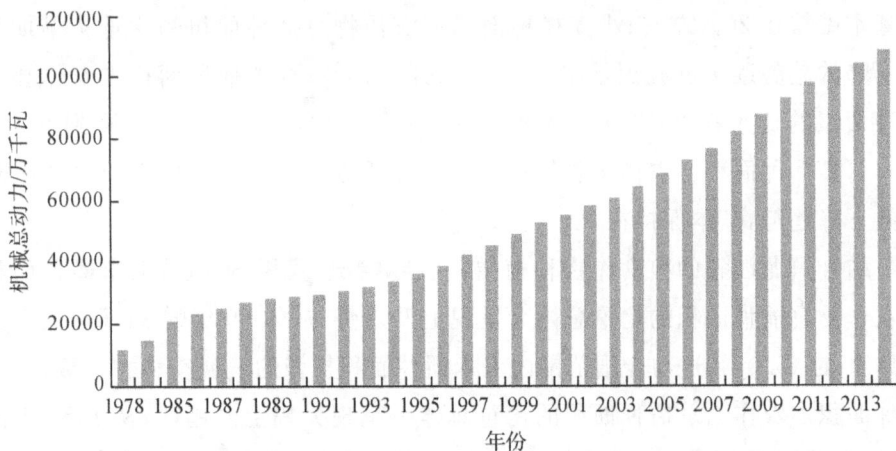

图 3.10 我国农业机械总动力(1978—2014 年)

数据来源:《中国统计年鉴》(1985—2015 年)。

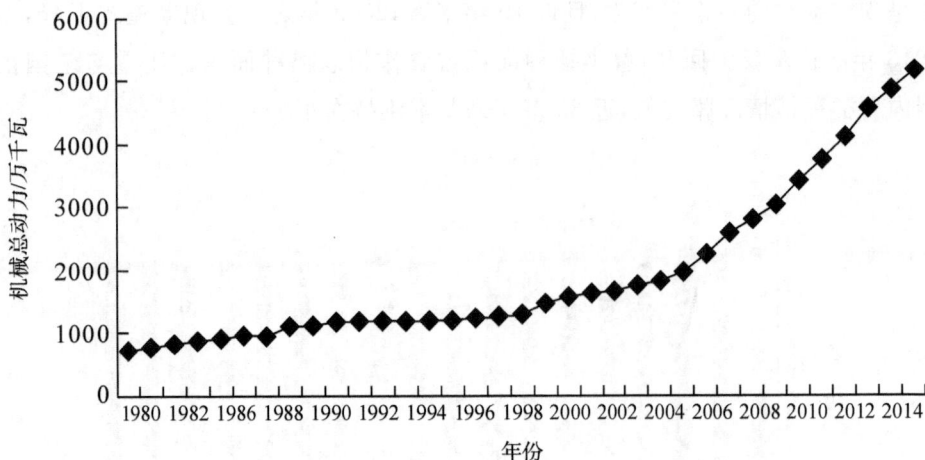

图 3.11 黑龙江省农业机械总动力(1980—2014 年)

数据来源:《黑龙江统计年鉴》(2015 年)。

3.2.3 粮食种植结构变化情况

1995—2015 年,我国粮食作物种植结构的变化情况如图 3.12 所示。总体来说,玉米播种面积占农作物总播种面积的比重呈现上涨趋势,具体从 1995 年的 15.2%上涨到 2014 年的 22.91%;稻谷播种面积占农作物总播种面积的比

重基本维持在 20％左右；小麦播种面积占农作物总播种面积的比重从早期呈现下降的趋势逐步过渡到基本稳定在 14％～15％；豆类播种面积占农作物总播种面积的比重在 2010 年前基本维持在 7％～9％，2010 年后下降到 5％～7％；薯类播种面积占农作物总播种面积的比重在 1995 年到 2015 年总体呈现略微下降趋势，基本保持在 5％～7％。

结合黑龙江省的粮食作物种植结构实际情况（见图 3.13），玉米播种面积占农作物总播种面积的比重总体上呈现上升趋势，从 1980 年的 21.6％上升到 2014 年的 45.0％，这与全国范围内玉米播种面积扩张的发展态势相一致；水稻播种面积占农作物总播种面积的比重总体上呈现大幅上升趋势，从 1980 年的 2.4％上涨到 2014 年的 27.1％，增长了 10 倍多；小麦的情况与水稻相反，即小麦播种面积占农作物总播种面积的比重总体上呈现大幅下降的趋势，从 1980 年的 24.1％下滑到 2014 年的 0.8％；豆类播种面积占农作物总播种面积的比重呈现波动式的不稳定变化，且近 10 年来看，2009 年之后呈现断崖式下降，至 2013 年起逐步反弹回升；薯类播种面积占农作物总播种面积的比重与全国范围内薯类种植情况相类似，近 30 多年来基本维持在 1％～5％。

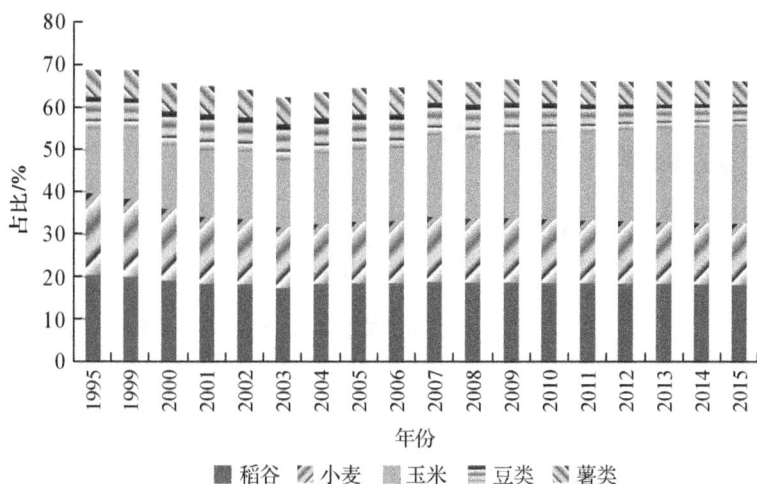

图 3.12 我国粮食作物种植结构(1995—2015 年)

数据来源：《中国统计年鉴》(1985—2016 年)。

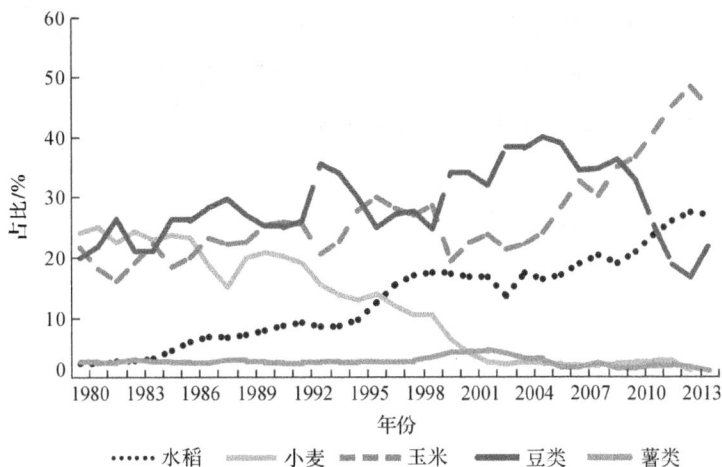

图 3.13　黑龙江省粮食作物种植结构(1980—2013 年)

数据来源:《黑龙江统计年鉴》(2015 年)。

3.2.4　粮农收入不断提升

我国农村居民人均纯收入在 30 多年间经历了飞跃式的提高,其绝对数从 1978 年人均 133.6 元增长到 2015 年人均 10772 元;同时对其做指数化处理,以 1978 年的人均纯收入作为基值 100,到了 2015 年此指数已经上升到 1510.1(见图 3.14)。

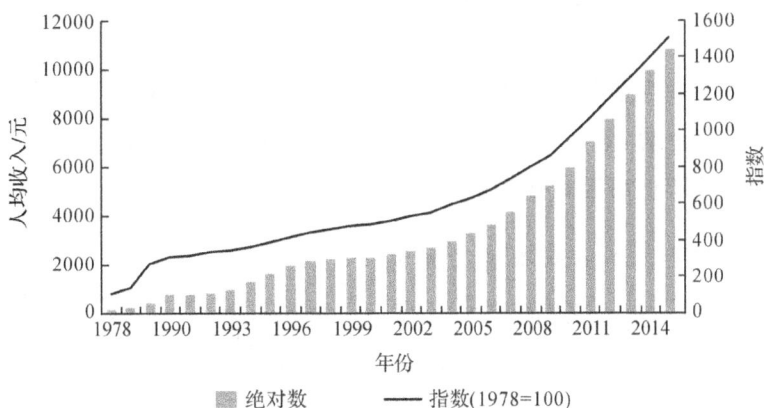

图 3.14　我国农村居民人均纯收入(1978—2015 年)

数据来源:《中国统计年鉴》(2016 年)。

从黑龙江省农村居民人均纯收入来看,其1978年收入绝对数只有172元,到了2014年已经达到10453元。同样将其做指数化处理,以1985年农村居民人均纯收入作为基数100,到2013年此指数已经达到647.8。此外,农村居民家庭的恩格尔系数在30多年间总体上呈现下降的趋势,表明农户家庭富裕水平总体上呈现提升的状况(见图3.15)。

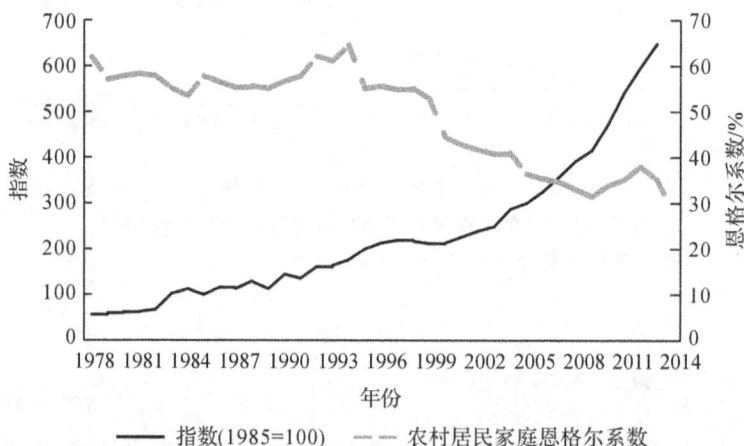

图3.15　黑龙江省农村居民人均纯收入指数和家庭恩格尔系数(1978—2014年)[①]
数据来源:《黑龙江统计年鉴》(2015年)。

3.3　农户调研数据简介

为了更好地理解与分析本书使用的调研数据,有必要对黑龙江省的基本情况进行概览式汇总,然后针对调研数据进行基本的数据介绍与相关分析,以期更好地为后续实证研究奠定基础。

3.3.1　黑龙江省基本情况概览[②]

黑龙江省位于我国东北平原,是祖国版图上最北部、东部的省份,全省面积为47.3万平方公里。全省耕地面积约为15.9万平方公里,占土地总面积比重

---

① 2014年黑龙江居民收支调查数据为新口径汇总数据,与以前年份不可比,故指数数据截止到2013年。

② 如无特殊说明,本部分相关数据均来源于《黑龙江统计年鉴2015》。

为33.6%。全省涵盖69个市(地辖区),17个县级市,46个县(自治县),502个镇,11个民族镇,327个乡,53个民族乡,9011个村民委员会,34660个自然屯。全省人口总数为3833万人,就业人数为2060.4万人(《黑龙江省统计年鉴2013》)。农村就业人数为982.8万人,其中农业从业人员数量为647.9万人。农村居民家庭期内住户常住成员数为6566人,平均每户劳动力(包括整、半劳动力)为2.4人,平均每个劳动力负担人口1.3人。农村人均纯收入为10453元,其中工资性收入2188元,经营净收入6597元,财产净收入512元,转移净收入1156元(见图3.16)。农村家庭年消费支出达到7830元,其中最大的支出花费在居住方面,达到1602元。农村家庭恩格尔系数为28.2%。农村人均住房面积为23.7平方米(《黑龙江统计年鉴2013》)。全省地区生产总值为15039.4亿元,其中第一产业生产总值为2611.4亿元,贡献率为17.36%。全省农业机械总动力为5155.5万千瓦,其中拥有农用大中型拖拉机922067台,联合收割机108647台。

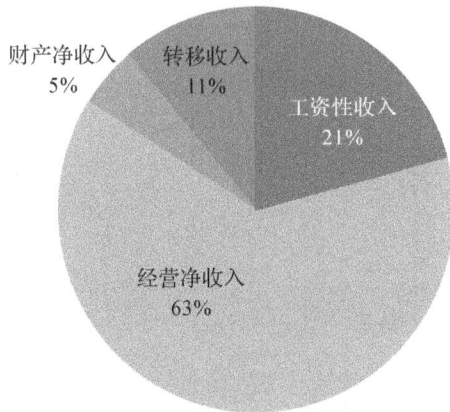

图3.16 黑龙江省农村人均纯收入构成情况

数据来源:《黑龙江统计年鉴2015》。

2015年,黑龙江省粮食总产量为6242.2万吨,其中玉米产量为3343.4万吨,水稻产量为2251万吨,大豆产量为460.4万吨,薯类产量为107.1万吨(见图3.17)。人均粮食产量为1.6吨。全省农作物播种面积为1477.5万公顷,其中粮食作物的播种面积达到1422.7万公顷(见图3.18)。谷物播种面积为

1079.7万公顷,包括水稻399.7万公顷、小麦12.3万公顷、玉米664.2万公顷、谷子0.7万公顷、高粱2.7万公顷(见图3.19)。豆类播种面积为326.2万公顷,其中主要以大豆为主播种面积达到314.6万公顷。薯类播种面积为16.8万公顷。

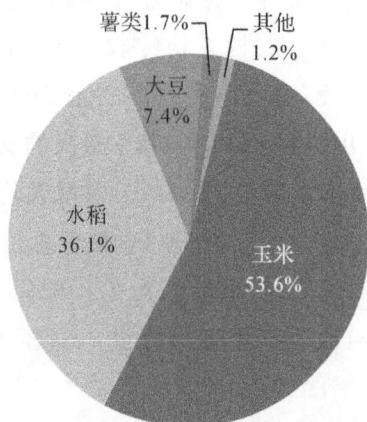

图 3.17 黑龙江省粮食产量构成情况
数据来源:《黑龙江统计年鉴 2015》。

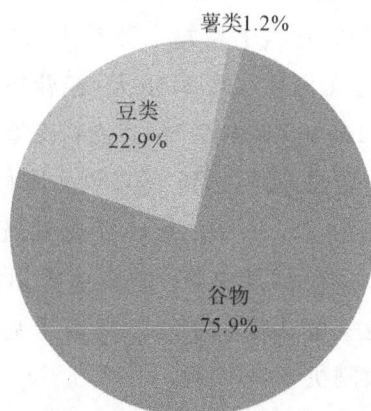

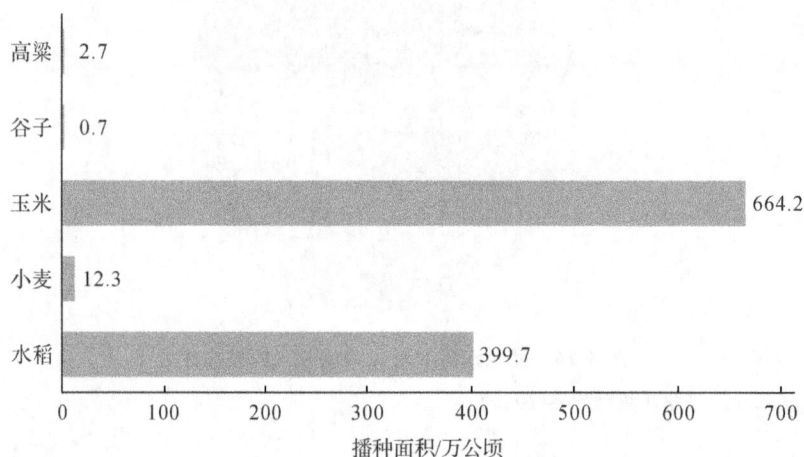

图 3.18 黑龙江省粮食播种面积构成情况
数据来源:《黑龙江统计年鉴 2015》。

图 3.19 黑龙江省谷物播种面积
数据来源:《黑龙江统计年鉴 2015》。

3.3.2 样本农户基本情况简介

本书所使用的农户调查问卷如附录所示,其主要由以下几部分构成:①农户家庭基本信息,主要包括户主基本情况、家庭成员基本情况、土地基本情况、家庭资产基本情况和村庄基本情况;②农户农业生产情况;③农户家庭收支情况;④农户家庭非农就业情况。

根据随机抽样法,本书在黑龙江省 13 个行政市 46 个县的 150 个村庄,发放了 1500 份问卷,回收 1200 份,有效问卷 1140 份。样本农户基本情况介绍如表 3.2 所示。

表 3.2　样本农户基本情况统计

变量		全部农户		纯农户		非农就业农户	
		均值	标准差	均值	标准差	均值	标准差
家庭基本信息	家庭人数/人	5.52	1.03	5.44	1.93	6.02	1.05
	家庭劳动力人数/人	3.21	1.53	2.44	1.28	3.92	1.39
	老年人口数量/人	3.32	1.40	3.32	1.30	3.31	1.49
	女性劳动力数量/人	2.03	0.80	2.03	0.79	2.04	0.81
户主信息	年龄/岁	54.18	15.23	54.48	14.86	53.90	15.57
	受教育年限/年	9.06	2.71	9.72	2.21	8.44	2.98
	参加过生产技术培训,1;未参加过生产培训,0	0.80	0.40	0.89	0.31	0.71	0.45
	是村干部,1;不是村干部,0	0.63	0.35	0.77	0.42	0.59	0.25

数据来源:实地调研获取的数据。

从表 3.2 中可以发现,被调查农户平均家庭人数为 5.52 人,其中纯农户家庭人数为 5.44 人,非农就业农户家庭人数为 6.02 人,非农就业农户的家庭人数稍多于纯农户的家庭人数。从家庭劳动力人数来看,被调查农户平均家庭劳动力数量为 3.21 人,其中纯农户家庭劳动力人数为 2.44 人,非农就业农户家庭劳动力人数为 3.92 人,非农就业农户的家庭劳动力人数多于纯农户的家庭劳动力人数。在样本农户中,老年人口数量均值为 3.32 人,其中纯农户的老年人口数量为 3.32 人,非农就业农户的老年人口数量为 3.31 人,两者并没有明

显的差异。女性劳动力数量在全部受访农户中户均 2.03 人,其中纯农户为
2.03 人,非农就业农户为 2.04 人,与老年人口数量统计相类似,两者并没有明
显差异。

户主相关统计信息中,主要关注年龄、受教育年限、是否参加过生产技能培
训以及是否是村干部。从样本调查情况来看,被访农户户主平均年龄为 54.18
岁,其中纯农户户主年龄均值为 54.48 岁,非农就业农户户主年龄均值为 53.90
岁,纯农户户主年龄均值高于非农就业农户户主。在户主受教育年限一项,全
部农户均值为 9.06 年,其中纯农户为 9.72 年,非农就业农户为 8.44 年,由此
可以推断受访地区农户户主基本上都接受了九年制义务教育,即具有初中文化
水平。在是否参加过生产技术培训一项中,被访全体农户均值为 0.80,纯农户
为 0.89,非农就业农户为 0.71,可以发现纯农户户主接受过生产技能培训水平
的比例高于非农就业农户。在是否是村干部一项中,被访农户均值为 0.63,纯
农户均值为 0.77,非农就业农户均值为 0.59,可见纯农户户主是村干部的比例
要高于非农就业农户。

在土地相关情况统计中,受访农户的土地在 2010 年、2012 年、2015 年的均
值统计情况如表 3.3 所示。

表 3.3　样本农户土地基本情况统计　　　　　　　　　　　单位:亩

年份	全部农户		纯农户		非农就业农户	
	均值	标准差	均值	标准差	均值	标准差
2015	105.82	33.94	85.73	17.23	125.17	32.93
2012	105.52	31.03	85.44	71.93	126.02	31.05
2010	104.67	32.39	83.89	16.99	123.98	31.32

数据来源:实地调研获取的数据。

从表 3.3 中可以发现,全部农户在 2015 年拥有土地面积均值为105.82
亩[①],相较于 2012 年的 105.52 亩和 2010 年的 104.67 亩有略微增多;纯农户在
2015 年拥有土地面积均值为 85.73 亩,相较于 2012 年的 85.44 亩和 2010 年的

---

①　1 亩 = 666.67 平方米。

83.89 亩,同样略有上升;同样情况也适用于非农就业农户,非农就业农户 2015 年拥有土地面积均值为 125.17 亩,虽相较于 2012 年的均值 126.02 亩有所下降,但和 2010 年的均值 123.98 亩相比,总体上呈略微上升的趋势。

从同年度的横向比较来看,非农就业农户拥有的土地面积均值要大于纯农户的土地面积均值。从跨年度的纵向比较来看,被访农户总体上来讲土地面积呈现基本稳定、年度递增的趋势,这与我国近年来强调严格保证耕地面积有着密不可分的关系,同时通过一系列的土地整理、规划等,使得农户土地面积保有量稳中有升。

3.3.3 样本农户农业生产基本情况简介

样本农户总体上以种植粮食作物为主,并且以种植玉米的播种面积和产量为首位。表 3.4 和表 3.5 分别给出了玉米生产的基本情况。

从表 3.4 中可以发现,样本农户亩均玉米产量均值约为 456.58 斤,其中纯农户的均值约为 443.72 斤,非农就业农户的均值约为 468.53 斤,非农就业农户的玉米亩产要高于纯农户的玉米亩产,由此可以初步推断非农就业对提升亩产有正面效应,具体实证分析有待后续章节进行更加缜密的检验。从玉米的亩均投工时间来看,全部样本农户的投工时间均值为 3.53 天,纯农户的投工时间均值为 3.55 天,非农就业农户的投工时间均值为 3.51 天,由此可见非农就业农户的劳动力投入量受非农就业的影响,呈现下降的趋势。从亩均机械投入来看,全部样本农户的投入均值的为 252.11 元,纯农户的投入均值为 237.16 元,非农就业农户的投入均值为 265.99 元。非农就业农户对机械的投入力度明显高于纯农户的投入力度,由此可以推测非农就业农户因为获取了更多的非农收入,提高了生产性投资水平,即加大了对机械的投入力度。同样的情况适用于亩均种子投入和亩均灌溉投入,非农就业农户的相应均值都要高于纯农户的相应均值。在亩均农药投入方面,全部样本农户的投入均值为 402.89 元,纯农户的投入均值为 410.93 元,非农就业农户的投入均值为 395.43 元,纯农户在此项的投入水平要高于非农就业农户的投入水平。结合亩均机械、化肥、种子和灌溉投入来看,纯农户主要依靠农药来维持并提升玉米亩产,而非农就业农户可以依靠更多的生产性投入来维持并且进一步提升玉米亩产。

表 3.4　样本农户玉米生产基本情况

变量	全部		纯农户		非农就业农户	
	均值	标准差	均值	标准差	均值	标准差
亩均玉米产量/斤	456.58	166.89	443.72	171.46	468.53	161.74
亩均投工时间/天	3.53	1.12	3.55	1.14	3.51	1.10
亩均机械投入/元	252.11	113.00	237.16	112.39	265.99	111.89
亩均化肥投入/元	242.89	106.06	256.83	102.76	229.95	107.51
亩均农药投入/元	402.89	198.02	410.93	193.48	395.43	202.01
亩均种子投入/元	255.53	114.74	251.37	116.92	259.39	112.64
亩均灌溉投入/元	247.63	113.93	246.99	111.62	248.22	116.12

数据来源:实地调研获取的数据。

　　表 3.5 展示的是玉米总体生产相关统计情况,统计汇总可以更进一步、更加直观地呈现样本农户的玉米生产信息,并且可以直观明了地发现纯农户和非农就业农户的相关差异,为利用统计工具、计量方法分析非农就业产生的相关影响奠定基础。

表 3.5　样本农户玉米总体生产相关统计情况

变量	全部		纯农户		非农就业农户	
	均值	标准差	均值	标准差	均值	标准差
玉米总产量/斤	12754.74	8346.73	8576.50	4274.41	16636.04	9283.86
播种面积/亩	27.80	13.50	19.45	7.04	35.50	13.45
劳动投工量/天	98.90	61.86	69.89	37.15	125.85	67.78
机械作业费用/元	7126.58	5063.72	4573.77	2807.47	9497.97	5521.13
化肥费用/元	6562.11	4255.07	4945.36	2610.12	8063.96	4892.21
农药费用/元	11099.47	7983.66	8010.93	5125.33	13968.53	9029.26
种子费用/元	7057.37	4712.05	4907.10	3050.15	9054.82	5091.54
灌溉费用/元	6855.00	4767.57	4778.69	2763.28	8783.76	5389.80

数据来源:实地调研获取的数据。

3.3.4 样本农户收支情况简介

根据调查目的,我们将样本农户的总收入划分为来自农业的收入、来自非农业的收入以及其他收入(包括财产性收入和转移性收入等),具体情况如图 3.20 所示。

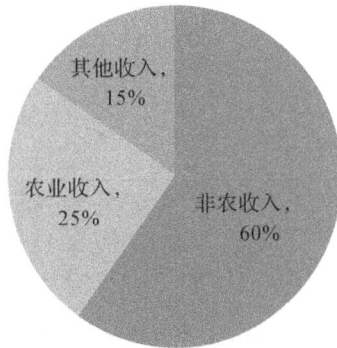

图 3.20 样本农户收入构成情况

数据来源:实地调研获取的数据。

在图 3.20 中,非农收入大约占到样本农户总收入的 60%,农业收入大约占 25%,这与黑龙江省农户总体收入构成情况相一致。在 2014 年全省农户可支配收入中,农业收入占总收入的比例为 28.6%,非农收入占总收入的比例为 51.4%,非农收入占据比例已远远超过农业收入。由此,相关数据证实非农就业产生的收入已经成为我国主产区农户重要的收入来源,因此有必要深入探究非农就业对农户产生的系列影响。

从图 3.21 样本农户主要开支情况来看,在生产资料这一开支项目上,全体样本农户将 43% 的收入花费在这一项目上,非农就业农户的这一比例为 52%,纯农户的这一比例为 24%。可见非农就业农户对生产资料的重视程度要远远高于纯农户,其可能的原因是汇款收入充实了家庭收入,使其拥有更充沛的资金进行生产的再投资。

在医疗支出和子女教育支出方面,全体样本农户、非农就业农户和纯农户的比例基本持平,非农就业农户在这两方面的开销相对稍多一些。总体而言,医疗支出和子女教育支出属于家庭的基本开销,非农就业农户和纯农户并未因是否产生非农就业而放弃或者改变此类的必要支出。

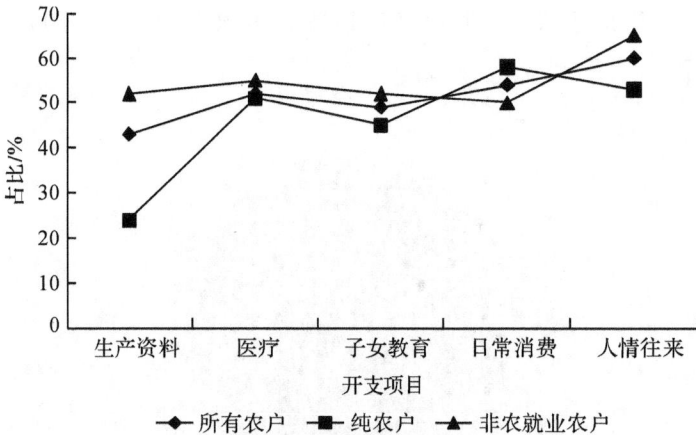

图 3.21　样本农户主要开支情况统计

数据来源:实地调研获取的数据。

在日常消费这一支出项目中,相较非农就业农户,有较多的纯农户家庭会将收入投入到此类花费上,可见纯农户相对更重视日常生活消费,更注重提升生活品质。在人情往来支出项目中,65%的非农就业农户将其视为主要支出项目,53%的纯农户将其看作三类主要支出项目之一,即有较多的非农就业农户会将收入投入到人情往来中,其可能的解释是非农就业农户因非农就业接触到更为广阔的群体,需要进行更多的人际交往。

3.3.5　样本农户非农就业情况简介

样本农户非农就业人数的统计情况如图3.22所示。从时间的纵向跨度来看,非农就业人数呈现递增的趋势,从2010年的户均0.7人上升到2012年的户均1.5人,并且进一步提高到2015年的户均1.7人;农户家庭的亲戚中非农就业人数亦呈现递增的趋势,从2010年的户均3.5人上升到2012年的户均4.4人,并且进一步提高到2015年的户均4.6人。由此可见,非农就业人数和亲戚中非农就业人数两者的增长趋势是一致的。

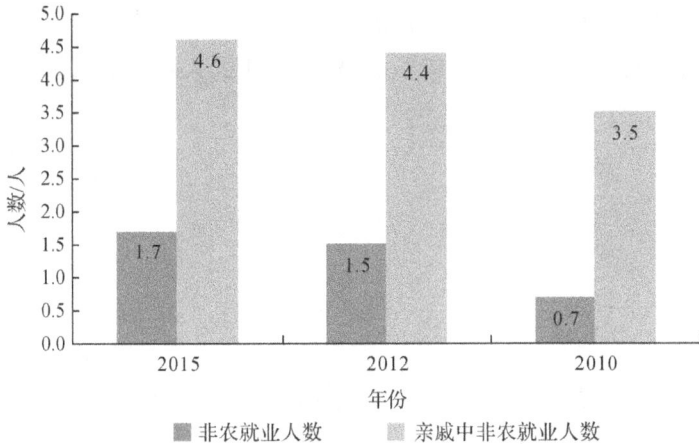

图 3.22　样本农户户均非农就业人数统计

数据来源:实地调研获取的数据。

从非农就业农户非农就业的地点差异来看(见图 3.23),从 2010 年本地非农就业人数所占比例高于异地非农就业,逐步发展到 2015 年两者人数占比基本持平。由此可以简单推断非农就业农户在非农就业工作选择时逐渐忽略地点上的倾向性,但是非农就业地点的差异仍然是考察非农就业影响农业生产各项因素中不可忽略的一个。同样,亲戚中非农就业的地点差异也呈现相似趋势(见图 3.24)。

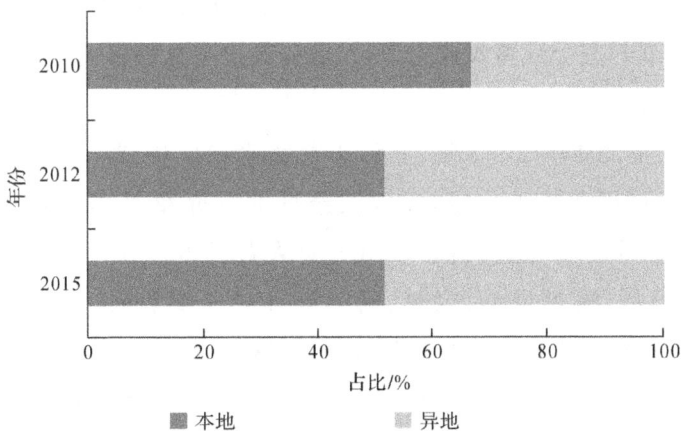

图 3.23　样本农户非农就业的地点差异

数据来源:实地调研获取的数据。

在图 3.24 中,样本农户亲戚中非农就业的地点差异从 2010 年的相差较大,逐步发展到 2012 年和 2015 年本地、异地就业的人数比例基本持平。

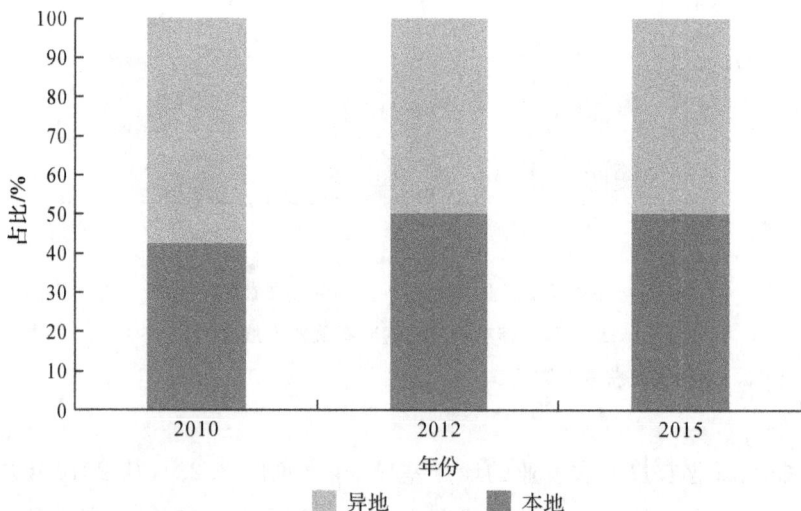

图 3.24　样本农户亲戚中非农就业人数的地点差异

数据来源:实地调研获取的数据。

图 3.25 是 2014—2015 年样本农户非农就业方式的统计情况,从图中可以看出短期外出从事非农工作的人数比例高达 60%,常年在外的比例为 20%,农闲时节从事非农工作的比例为 15%,季节性从事非农工作的比例为 5%。由此可见,很少有农户完全脱离农业生产,大部分农户会选择保留与农业生产的原始联系。

图 3.26 是 2014—2015 年,受访非农就业农户找到非农工作的不同方式所占比例,可以清晰地发现,家人或亲戚朋友介绍是非农就业受访农户找到非农工作的主要方式,占非农就业总人数的 62%;其次为村里张贴的小广告,占 21%;通过报纸、电视、网络等方式找到非农工作的再次之,占 10%;5% 的非农工作机会是在招聘会上获得的。由此可见,受访非农就业农户获取非农工作的主要途径是依靠熟人介绍,这对农户的非农就业决策具有重要的引导作用。

图 3.27 是 2014—2015 年受访非农就业农户在各个行业的就业情况,占据

前三位的是建筑业(23%)、制造业(21%)和采掘业(21%)。除此之外,交通运输业以及批发零售和餐饮业均以14%的比例成为吸引非农就业的第四大行业领域。以上这些行业均属于较为基础的生产行业或者服务行业,对从业人员的要求不高,因此成为非农就业人员较为集中的行业。

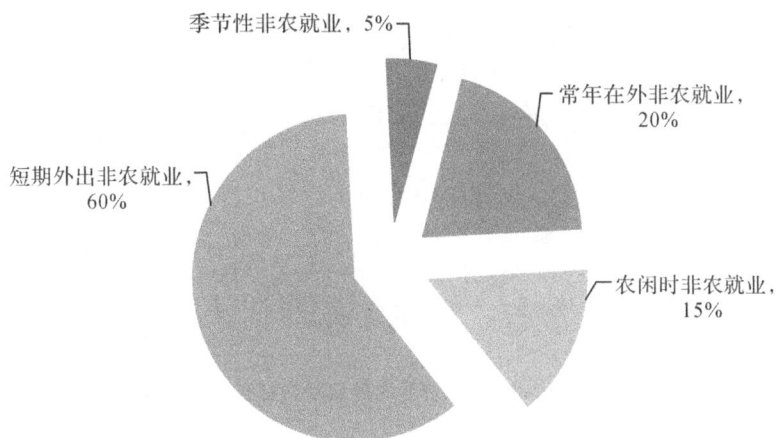

图 3.25　2014—2015 年受访非农就业农户非农就业方式统计情况

数据来源:实地调研获取的数据。

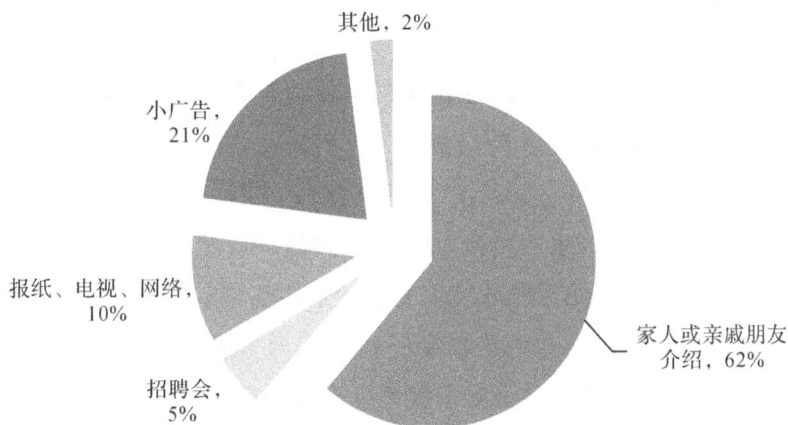

图 3.26　2014—2015 年受访非农就业农户找到非农工作的方式

数据来源:实地调研获取的数据。

图 3.27 显示了各行业就业占比：

- 其他社会服务行业，5%
- 其他，2%
- 采掘业，21%
- 制造业，21%
- 建筑业，23%
- 交通运输业，14%
- 批发零售和餐饮业，14%

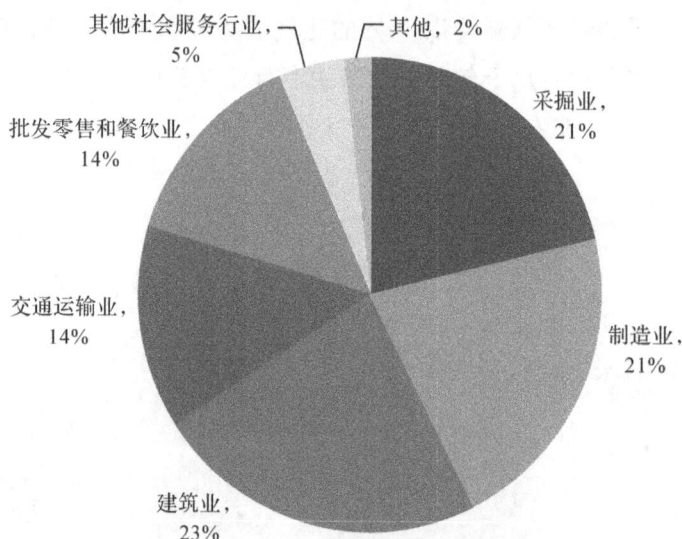

图 3.27 2014—2015 年受访非农就业农户在各行业的就业情况

数据来源:实地调研获取的数据。

3.4 本章小结

从宏观背景角度出发,本章首先介绍了我国非农就业发展的基本特征,依据发展的规模特征将其发展阶段划分为 1978—1983 年的起步阶段、1984—1988 年的飞跃阶段、1989—1991 年的低潮阶段、1992—2000 年的第二次飞跃阶段,这几个小阶段构成第一阶段,即低速发展阶段;然后是 2001 年以来的中高速发展阶段。其次介绍了非农就业发展的结构性特征,发现近年来我国非农就业人员以男性、青壮年、初中受教育水平为主,且非农就业地点倾向于省内的外出就业;最后介绍了我国转型时期粮食生产的特征,包括我国粮食产出数量、播种面积总体上呈现增长态势、粮食生产的劳动力投入不断下降、农户倾向于选择机械替代劳动力要素用于粮食生产,粮食种植结构中玉米的播种面积大幅增长,粮农收入不断提升。

从微观调研数据出发,本章首先介绍了黑龙江省的基本情况,然后主要从以下四个方面进行了梳理总结：一是样本农户的家庭基本情况，二是样本农户的农业生产情况，三是样本农户的家庭收支情况，四是样本农户的非农就业情况。通过对这四大方面相关数据的整理展示，为后续进行实证研究奠定了坚实的数据基础，并且通过数据描述、图表汇总等方式清晰直观地展现了非农就业农户的一些家庭特征、农业生产特征和非农就业特征，以更好地与后续章节相关实证结论的解释互相对照，由此得出较为令人信服的研究结果。

总体来说，本章承袭绪论、相关理论基础与文献梳理章节，是总体研究的第三部分，属于承上启下的重要一章，既需要做到背景、理论和实证环节的有效衔接，又需要以调查数据与前后相关研究相佐证，在总体研究中具有重要的地位和作用。

04/

非农就业对农业生产产出的影响

4.1　引　言

农户的非农经营改变了家庭劳动力与资本的要素组合状况,促使其调整生产经营策略,更好地为家庭收入最大化的目标服务。在新的要素组合条件下,农业产出的数量与面积受到何种程度的影响,是生产相关方面需要解答的最根本的问题,对其内在机理进行系统的研究可以直接从数量与面积上予以解答。除此之外,粮食的生产技术效率体现了生产者的管理能力,有必要测度非农就业对技术效率的影响程度,量化评价其内在的逻辑机制。且从现有文献来看,相关研究结论并未达成一致,足见其存在复杂的作用机理。同时,伴随着我国整体经济运行环境的变化,转型时期,农户的非农就业决策逻辑也在发生转变,如何解析其对产出的潜在传导机制,产生的结论是否有利于粮食生产的可持续发展,均是本章试图解答的问题。

为此,首先,基于在黑龙江省的农户调研数据,本章以新劳动力迁移经济学作为研究框架,通过构建一个非农就业和农业生产产量、种植面积同步决策的联立方程模型,从实证角度揭示非农就业如何影响粮食产量与种植面积。其次,结合黑龙江省辖市的面板数据进一步从较为宏观的视角分析非农就业对粮食产出的作用力度。最后,结合"一步法"随机前沿生产函数模型,探究非农就业如何影响粮食生产的技术效率。

4.2　微观视角:非农就业对农业生产产出的影响

4.2.1　理论框架

根据新劳动力迁移经济学,非农就业是农户在综合衡量家庭面临的要素约束条件下,做出的利益共享、风险共担的可计算的隐性策略安排,其最终目的是在风险最小化基础上实现家庭收益最大化。农户通过策略选择让优质劳动力转移到非农产业,获取非农收入,由此虽然减少了农业生产中的劳动力投入,但是家庭增加了汇款收入,多样化了家庭收入来源,降低了收入来源单一的风险。鉴于我国劳动力雇佣市场的不完善,农户较难采取雇用劳动力的方式弥补农业生产缺失的劳动力,因此会通过对农业作业的重新安排来形成新的生产策略。

农户极有可能将流入的汇款投入农业生产当中,调整要素投入比例增加对劳动力替代型生产要素的投入,从而对粮食产量产生影响;或者缩减种植规模,降低对劳动力数量的依赖程度,从而对粮食种植面积产生影响。从现有文献来看,相关研究并未得出一致性结论,因此有必要对其中的作用机制进行深入的分析。本分主要从粮食的产出数量和种植面积两个维度展开综合分析,以揭示非农就业对农业生产产出的作用路径和内在机制。

4.2.2 研究方法和模型设定

4.2.2.1 研究方法

为了估计农户非农就业对农产品产量的影响,本书借鉴 Li 等(2013),林坚和李德洗(2013)的研究范式,构建了一个包括非农就业决策和粮食产量同步决策的联立方程模型。采用此种研究方法主要是考虑两者通常是同步决策的,并且受到相同影响因素的影响,相互之间并不独立(Quinn,2009)。

联立方程模型基本可以被区分为结构式模型和简化式模型,其中根据经济理论建立起来的描述经济变量关系结构的经济计量学方程被称为结构式模型。假设联立方程模型包括 G 个内生变量 $Y_1, Y_2, \cdots, Y_G$,以及 k 个前定变量 $X_1, X_2, \cdots, X_k$,线性结构式模型的一般形式为

$$\beta_{11}Y_{1t} + \beta_{12}Y_{2t} + \cdots + \beta_{1G}Y_{Gt} + \gamma_{11}X_{1t} + \gamma_{12}X_{2t} + \cdots + \gamma_{1k}X_{kt} = u_{1t}$$
$$\beta_{21}Y_{1t} + \beta_{22}Y_{2t} + \cdots + \beta_{2G}Y_{Gt} + \gamma_{21}X_{1t} + \gamma_{22}X_{2t} + \cdots + \gamma_{2k}X_{kt} = u_{2t}$$
$$\vdots$$

$$\beta_{G1}Y_{1t} + \beta_{G2}Y_{2t} + \cdots + \beta_{GG}Y_{Gt} + \gamma_{G1}X_{1t} + \gamma_{G2}X_{2t} + \cdots + \gamma_{Gk}X_{kt} = u_{Gt} \quad (4.1)$$

式中,β 表示内生变量的结构参数;γ 表示前定变量的结构参数;u 表示随机误差项。

将以上模型写成矩阵形式,即为

$$BY + \Gamma X = U \quad (4.2)$$

其中 $B = \begin{pmatrix} \beta_{11} & \cdots & \beta_{1G} \\ \vdots & \ddots & \vdots \\ \beta_{G1} & \cdots & \beta_{GG} \end{pmatrix}$

$$\Gamma = \begin{pmatrix} \gamma_{11} & \cdots & \gamma_{1G} \\ \vdots & \ddots & \vdots \\ \gamma_{G1} & \cdots & \gamma_{GK} \end{pmatrix}$$

$$Y = \begin{bmatrix} Y_{1t} \\ \vdots \\ Y_{Gt} \end{bmatrix}, X = \begin{bmatrix} X_{1t} \\ \vdots \\ X_{kt} \end{bmatrix}, U = \begin{bmatrix} U_{1t} \\ \vdots \\ U_{Gt} \end{bmatrix}$$

用 n 表示样本容量，则有

$$Y_{it} = (Y_{i1}, Y_{i2}, \cdots, Y_{in}), i = 1, 2, \cdots, G$$

$$X_{it} = (X_{i1}, X_{i2}, \cdots, X_{in}), i = 1, 2, \cdots, K$$

$$U_{it} = (U_{i1}, U_{i2}, \cdots, U_{in}), i = 1, 2, \cdots, G \tag{4.3}$$

在进行具体估计联立方程模型之前，必须先解决模型识别问题。识别的规则方法主要有秩条件和阶条件识别、非样本信息识别和协方差约束识别等。其中较为常用的识别规则是秩条件和阶条件识别。

识别的阶条件如下：

如果一个方程能够被识别，那么这个方程不包含的变量总数应大于或等于模型中方程个数减 1。

令 G 为模型中内生变量的个数（即方程个数）；M 为模型中变量的个数（包括所有内生变量和前定变量）；H_i 为模型中某个特定方程中变量的个数（包括内生变量和前定变量）；$i = 1, 2, \cdots, G$。

当 $M - H_i = G - 1$，第 i 个方程恰好被识别；

当 $M - H_i > G - 1$，第 i 个方程过度被识别；

当 $M - H_i < G - 1$，第 i 个方程不可被识别。

其中 $M - H_i$ 即是第 i 个方程不包含的变量的个数。

识别的秩条件为在一个具有 G 个方程的结构式模型中，任何一个方程能够被识别的充分必要条件是，所有不包含在这个方程中的变量的参数组成的矩阵秩为 $G - 1$。

之后，需要对联立方程模型进行实证估计，主要分为两大类，即单方程估计方法与系统估计方法。单方程估计方法主要包括间接最小二乘法、二阶段最小二乘法、工具变量法、有限信息最大似然法和最小方差比法等；系统估计方法主要包括三阶段最小二乘法和完全信息最大似然法。其中较为常用的方法是二阶段最小二乘法（2SLS）和三阶段最小二乘法（3SLS）。二阶段最小二乘法是一种既适用于恰好识别的结构方程，又适用于过度识别的结构方程的单方程估计方法；三阶段最小二乘法是前者的直接推广，涉及最小二乘法在三个阶段的应用,其基本思路为:在用二阶段最小二乘法估计模型中每个结构方程的基础上,得到一组随机误差项的估计值,然后用广义最小二乘法(GLS)同时估计整个结构方程系统。

4.2.2.2 模型设定

具体来说,本部分构造了一个包含农户粮食产量 Y、粮食播种面积 S、非农就业人数 M 的联立方程模型

$$Y = \beta_0 + \beta_1 M + \beta_2 S + \beta_3 Z_y + \varepsilon_y \tag{4.4}$$

$$S = \delta_0 + \delta_1 M + \delta_2 Z_S + \varepsilon_S \tag{4.5}$$

$$M = \alpha_0 + \alpha_1 Z_M + \varepsilon_M \tag{4.6}$$

在式(4.4)至式(4.6)中,Y 表示农户的粮食产量;M 代表农户劳动力非农就业的人数;S 表示农户粮食播种面积;Z 代表家庭特征向量,包括户主特征、家庭资源禀赋特征和区域特征;ε_y、ε_S、ε_M 为扰动项,均服从独立正态分布。

农户劳动力非农就业人员数量(M),指样本农户近 5 年来的劳动力非农就业人员数量,将其进行处理,取平均值;粮食播种面积(S),表示上一年度农户各种粮食播种面积的总和;粮食产量(Y),表示上一年度农户各种粮食播种的总产量。此处,粮食主要包括玉米、水稻、豆类、薯类等。

除此之外,在实证分析中选取的农户家庭特征变量,考虑到户主往往拥有家庭决策主导权,本书参考已有研究,将户主的特征变量纳入计量分析模型,具体包括年龄、受教育年限、是否接受过生产技能培训、是否是党员、是否是村干部。农户家庭资源禀赋特征包括家庭收入、耕地面积、农业机械拥有量和家庭劳动力数量。区域特征包括水利基础设施水平,因为最近 30 多年间我国农村的基础设施水平有了显著改善,这些设施较好会显著提高农户种植的便利性,并且有研究表明基础设施对劳动要素具有替代作用(曾福生,李飞,2015)。此外,还需要纳入一些地区特色控制变量,包括耕地是否是黑土地,因为样本农户位于黑龙江地区,全省黑土地面积为 2.39 亿亩,占东北地区黑土地耕地面积一半以上,黑土富含有机质,土壤肥力较高,控制住此变量可以较好控制样本异质性。受访农户区域位置变量采用是否位于黑龙江省北部,因为黑龙江地域辽阔,包括 6 个积温带,北部地区大部分面积处于第五、第六积温带,常年积温在 2100℃ 以下,从自然条件来讲,抑制了农户种植粮食作物的类型选择。本书将大兴安岭、黑河、伊春北部与齐齐哈尔北部定

义为北部,其余行政市定义为南部。控制变量还包括附近是否有农垦大农场,因为农垦大农场耕地面积广阔,对普通农户的种植决策具有明显的外部性,农户安排种植时会参考农场的策略。

表 4.1 展示的是实证涉及的变量的定义以及描述性统计分析。

表 4.1 变量定义及统计描述

	变量	定义	均值	标准差	最小值	最大值
	非农就业人数	农户家庭劳动力非农就业的人员数量/人	1.01	1.23	0	7
	粮食播种面积	农户家庭播种各种粮食的总面积/亩	35.82	12.82	23.94	50.92
	粮食产量	农户家庭各种粮食的产量之和/公斤	5487.84	1373.03	4389.34	6892.76
户主特征	户主年龄	户主年龄/岁	54.18	15.24	30	80
	户主受教育年限	户主接受正规教育的年限/年	9.06	2.72	0	16
	户主是否接受过培训	受过培训=1;没有接受过=0	0.80	0.40	0	1
	户主是否是党员	是=1,否=0	0.48	0.50	0	1
	户主是否是村干部	是=1,否=0	0.49	0.50	0	1
家庭特征	家庭收入	农户全年总收入/元	21441	34387	500	480000
	耕地面积	农户耕地拥有数量/亩	94.67	32.42	40	215
	农业机械拥有量	农户拥有农用机械数量/台	3.34	1.28	0	6
	家庭劳动力数量	农户 16～65 岁的劳动力数量/人	3.21	1.53	0	10
区域特征	区域土壤质量	农户耕地是否是黑土地。是=1,否=0	0.49	0.50	0	1
	水利基础设施	农户水利基础设施好=1,不好=0	0.73	0.45	0	1
	区域位置	农户位于北部=0,非北部=1	0.75	0.43	0	1
	区域示范效应	附近有农垦大农场=1,没有=0	0.7	0.46	0	1

根据上一小节中介绍的联立方程模型识别方法,通过秩条件和阶条件的识别发现式(4.4)至式(4.6)构成的联立方程模型中,参数矩阵的秩为2,表明联立方程模型的参数是可以估计的;联立方程中各个方程的 $M-H_i$ 均大于2,所以3个结构方程均为过度识别,其参数估计值可能不唯一,但是对模型估计结果的分析并不产生影响。

在联立方程模型的估计方法中,可以选择二阶段最小二乘法(2SLS)或者三阶段最小二乘法(3SLS)。为了保证选择方法的可信度,本节同时采用了两种估计方法,并且将估计的结果相应列出,详见表4.2和表4.3。

表 4.2　2SLS 模型估计结果

变量	非农就业人数		粮食播种面积		粮食产量	
	系数估计值	标准误	系数估计值	标准误	系数估计值	标准误
非农就业人数	—	—	0.003	0.012	−0.103	0.116
粮食播种面积	0.021**	0.110	—	—	0.523***	0.233
粮食产量	—	—	—	—	—	—
户主年龄	−0.103	0.190	−0.001*	0.002		
户主受教育年限	0.091*	0.050	0.085	0.070		
户主是否受过培训	0.172	0.200	0.163	0.340	—	—
户主是否是党员	0.166	0.216	0.210	0.310		
户主是否是村干部	0.427	0.390	0.390	0.400		
家庭收入	0.002**	0.010	0.002*	0.001		
耕地面积	0.787***	0.491	0.590***	1.020		
农业机械拥有量	—	—	2.391***	0.542	2.290***	0.320
家庭劳动力数量	2.159**	0.083	1.932	0.050		
区域土壤质量	−0.721	0.533	1.375**	0.822	3.413	0.050
水利基础设施	−1.348	1.294	1.581**	0.399	1.923*	0.045
区域位置	−0.936*	0.655	1.713	1.242	0.863	0.051
区域示范效应	−0.932	0.210	0.743**	0.002	0.563**	0.040
调整后的 R^2	0.548		0.829		0.792	

注:***、**、* 分别代表在1%、5%和10%的水平上显著。

表 4.3 3SLS 模型估计结果

变量	非农就业人数		粮食播种面积		粮食产量	
	系数估计值	标准误	系数估计值	标准误	系数估计值	标准误
非农就业人数	—	—	0.034**	0.012	0.363***	0.116
粮食播种面积	0.021**	0.110	—	—	0.523***	0.233
粮食产量	—	—	—	—	—	—
户主年龄	−0.105	0.190	−0.002*	0.002	—	—
户主受教育年限	0.095*	0.050	0.085	0.070	—	—
户主是否受过培训	0.173	0.200	0.163	0.330	—	—
户主是否是党员	0.166	0.216	0.210	0.310	—	—
户主是否是村干部	0.422	0.370	0.390	0.400	—	—
家庭收入	0.018**	0.010	0.002*	0.001	—	—
耕地面积	0.789***	0.491	0.590***	1.020	—	—
农业机械拥有量	—	—	2.391***	0.542	2.290***	0.320
家庭劳动力数量	2.159**	0.083	1.932	0.050	—	—
区域土壤质量	−0.650	0.533	1.374**	0.822	3.413	0.050
水利基础设施	−1.346	1.310	1.581**	0.393	1.923*	0.045
区域位置	−0.876*	0.655	1.713	1.242	0.863	0.051
区域示范效应	−0.932	0.210	0.743**	0.002	0.563**	0.040
调整后的 R^2	0.547	0.828	0.792			

注:***、**、* 分别代表在 1%、5%和 10%的水平上显著。

通过综合比对表 4.2 和表 4.3,发现两种估计方法中粮食播种植面积和粮食产量存在较大差异,且在 3SLS 的估计结果中,非农就业人数和粮食播种面积方程的可调整 R^2 相较 2SLS 的结果有所下降,而各个结构方程中内生变量的系数的绝对值在标准误没有增加的情况下变大了,表明方程之间有相互依赖的关系,因此采用三阶段最小二乘法较二阶段最小二乘法更加适合(林坚,李德洗,2013)。

4.2.3 模型估计结果与解释

4.2.3.1 非农就业人数与粮食产出之间存在积极的促进作用

通过上一个小节的分析,本节采用 3SLS 的估计结果进行具体解释。在其他条件不变的情况下,非农就业人数每增加 1 人,农户的粮食播种面积即增加 0.034 亩,粮食产量增加 0.363 公斤;反过来,粮食播种面积每增加 1 亩,非农就业人数增加 0.021 人。并且它们均通过了显著性检验,这表明在粮食主产区黑龙江省,非农就业和粮食生产存在"互补性"。

4.2.3.2 家庭资源禀赋特征对非农就业、粮食生产有重要的影响

第一,农户收入每增加 1 元,非农就业人数即增加 0.018 人,粮食播种面积增加 0.002 亩,两者均通过了显著性检验。这表明当农户有充足的收入时,更有动力激励家庭向外输出劳动力,获取丰富报酬;更有充足的资本投入粮食生产的规模扩张中。

第二,耕地面积对粮食的播种面积有重要的正向影响,在其他条件不变的前提下,耕地面积每增加 1 亩,粮食播种面积即增加 0.59 亩。并且结合前述粮食播种面积每增加 1 亩,粮食产量即增加 0.523 公斤,可以发现当前样本区农户仍然处于规模报酬递增的阶段。这与国家近年来对粮食安全的高度重视密不可分,应加大对种粮的支持力度,扶持粮食的规模化经营。

第三,农业机械拥有量正向影响粮食播种面积和粮食产量。在其他条件不变的前提下,农户农业机械拥有量每增加 1 台,粮食播种面积即增加 2.391 亩,粮食产量增加 2.29 公斤。由此可见农业机械对提升农业产出有至关重要的作用。

第四,家庭劳动力数量每增加 1 人,非农就业人数即增加 2.159 人(5%的显著性水平),粮食播种面积即增加 1.932 亩(但是影响程度不显著)。这说明非农就业对家庭劳动力数量较多的家庭更具吸引力,而劳动力人数对粮食播种规模并未产生重要影响。

4.2.3.3 户主特征的差异化对农户粮食生产存在不同的影响

第一,户主的年龄增长会减少家庭非农就业的人数,但其作用程度不显著;同时户主年龄在 10%的显著性水平上负作用于粮食播种面积,其年龄每增加 1 岁,粮食播种面积即下降 0.002 亩。可能的原因是随着户主年龄的增长,其体

力不断下降,同时减弱了外出的意愿。

第二,户主的受教育年限显著正面地促进非农就业人数的增长,其受教育年限每增加1年,家庭非农就业人数即增加0.095人,表明人力资本的提升使得户主在决策时更加多元化,更希望通过非农就业来改变传统的家庭人力资源分配方式。

第三,户主是否受过培训对非农就业和播种面积的影响均是正向的,但是对两者的作用程度均不显著,表明培训提升了其人力资本质量,增强其进取的意愿,但作用效果并不明显,有必要在今后加强相关培训的针对性与指引性。

第四,户主是否是党员、是否是村干部对非农就业和播种面积的影响和显著性与是否受过培训的相关估计结果类似。这表明有一定政治身份的户主有相对高水平的人力素质,可以对家庭各种劳作做出多元化安排。

4.2.3.4　地区资源禀赋对非农就业、粮食生产有重要的解释力度

第一,是否是黑土地这一个参考项在5%的显著性水平上正向影响粮食播种面积,即农户耕种土壤为黑土地,则会促进农户粮食播种面积增加1.374亩。由此表明土壤质量对扩大粮食播种面积起到重要的促进作用,间接揭示应该继续重视土壤改良、黑土修复等土壤质量升级工作。

第二,水利基础设施的好坏对播种面积和粮食产量均产生了显著的影响。若水利基础设施好,则会促使粮食播种面积增加1.581亩,粮食产量增加1.923公斤。由此,足见灌溉条件对粮食产出的重要作用。

第三,地区变量显著负向作用于非农就业人数。当农户位于非北部地区,非农就业人数会减少0.876人。这表明,北部地区农户的非农就业意愿更高,农户更愿意通过多样化收入来源来实现家庭人力资源安排,这与北部地区积温较低,农户无法通过种植多样化粮食作物来扩大家庭收入来源有较为重要的关联。

第四,附近地区是否有农垦大农场显著正向作用于粮食播种面积与粮食产量,这清晰展现了国家的粮食方针政策对普通小农户有重要的指引作用。近年来,国家高度重视粮食耕作面积与产出量,相继出台各种政策措施加强对国有大农场的支持力度,从整体全局战略高度有效引导普通小农户的种植意愿,强有力地保障了国家粮食安全。

4.3 宏观视角:非农就业对农业生产产出的影响

上一节从微观农户视角分析了非农就业对农户粮食产量和播种面积的影响,本节将研究范围扩展到宏观层面的黑龙江全省视角,以黑龙江省辖市的面板数据为分析对象,实证研究非农就业对粮食产出的影响,以此得到更加深入广泛的研究结论。由于在宏观层面较难得到非农就业人数的准确数据,本节尝试从反面视角直接研究当前从事农业劳动的劳动力数量对农业产出的影响,从而推出非农就业对农业产出的影响。

4.3.1 模型建立与实证分析

4.3.1.1 变量设置与模型建立

本节以粮食产量为实证模型的因变量,借鉴已有研究成果,采用经典的柯布-道格拉斯生产函数(C-D 生产函数)为实证分析的基础。基本的 C-D 生产函数模型为

$$Q = f(L,K) = AL^{\alpha}K^{\beta} \qquad (A, \alpha, \beta > 0) \qquad (4.7)$$

式中,Q 代表粮食产量;L 代表农业劳动力数量;K 代表资本投入;A 代表全要素生产率。

影响粮食产量的因素很多,本节在纳入以上变量的基础上还加入若干控制变量来确保结论的可靠性,包括粮食播种面积(S)、非粮作物比例(NF)、财政支出(F)、第二产业占比(SE)、第三产业占比(TR)、人力资本存量(Edu)等。

由于研究中涉及的黑龙江省各市农业劳动力的转移数量没有相关统计数据,本节采用替代变量即第一产业劳动力作为分析数据,并且通过各个省辖市的农业产值占总产值的比例来估算 2009 年之后缺失的数据。另外,资本(K)的数据来自农业机械总动力;全要素生产率(A)用化肥施用量(折纯量)来体现,因为以我国现实状况考量,农业生产主要还是靠化肥带来显著的增产效果;粮食播种面积(S)对粮食产量的影响近年来日益加大,尤其是加速推进的城镇化对农业土地资源的侵蚀不断扩大;近年来非粮作物因市场收益较好、成熟期短等优势因素挤占了粮食作物的播种面积,因此纳入非粮作物比例(NF)来控制其影响;财政支出(F)以一般财政支出占比来衡量,因为各级政府推广的农

业政策,如补贴政策,主要通过财政支出来衡量,因此纳入财政支出可以定量分析各级政府对粮食生产的重视程度;伴随着近年来的城镇化发展,产业结构变化加快,第二、三产业吸引了越来越多的农业劳动力资源,但两者的发展又为经济社会总体发展积累了大量资源,因此预期两者对粮食生产产生影响,本节以第二、三产业产值占比(SE、TR)为控制变量纳入生产函数;人力资本存量(Edu)以当地农村普通中学生毕业数量占当地普通中学生毕业数量的比例来衡量,纳入这一个指标主要想进一步区分农业劳动力的异质性对粮食产量的影响。各变量的详细定义和统计性描述见表4.4。

表 4.4　变量定义及统计描述

变量	表示	定义	均值	标准差	最小值	最大值
粮食产量	$\ln Q$	粮食产量的对数	14.43	1.23	10.96	16.67
农业劳动力	$\ln L$	第一产业劳动力数量的对数	3.69	0.99	0.99	5.45
资本投入	$\ln K$	农业机械总动力的对数	4.85	0.96	3.05	6.88
全要素生产率	$\ln A$	化肥施用量(折纯量)的对数	10.99	1.20	8.40	13.10
粮食播种面积	$\ln S$	粮食播种面积的对数	13.02	0.98	11.15	14.62
非粮作物比例	NF	非粮作物占农作物种植面积比例	10.64	7.43	0.90	41.40
财政支出	F	一般财政支出占总财政支出的比例	91.50	8.33	56.28	99.54
第二产业占比	SE	第二产业产值占当地总产值的比重	39.44	16.45	10.00	88.70
第三产业占比	TR	第三产业产值占当地总产值的比重	36.54	9.36	9.20	54.90
人力资本存量	Edu	当地农村普通中学生毕业数量占当地普通中学生毕业数量的比例	27.48	19.03	0.40	72.70

本节在式(4.7)的基础上,加入上述变量后,改进后的模型为

$$\ln Q_{it} = \alpha_0 + \alpha_1 \ln L_{it} + \alpha_2 \ln K_{it} + \alpha_3 \ln A_{it} + \alpha_4 \ln S_{it} +$$

$$\alpha_5 \mathrm{NF}_{it} + \alpha_6 F_{it} + \alpha_7 \mathrm{SE}_{it} + \alpha_8 \mathrm{TR}_{it} + \alpha_9 \mathrm{Edu}_{it} + R_i + T + \mu_{it} \qquad (4.8)$$

式中,i 代表各省辖市;t 代表年份;α_0 是常数项,$\alpha_1 \sim \alpha_9$ 是弹性系数;R_i 是各个

地区的控制变量；T 是时间趋势项，表示地区和时间对粮食产量 Q 的影响；μ_{it} 是随机误差项，反映遗漏变量、模型误差等对估计的影响。

同时，根据已有研究，可以预期高质素的人力资本转移对粮食产量会产生影响，并且随着时间的推移农业劳动力转移也会对粮食产量产生影响，为此在研究中分别建立了农业劳动力数量和人力资本存量、时间趋势的交互项（L_{Edu} 和 L_T），通过散点图直观展现这两个交互项对粮食产量的影响（见图 4.1 和图 4.2）。可见，两个交互项和产量的相关性均较为显著。因此，在估计式（4.8）的基础上，将两者添加到回归当中，具体分析其对粮食产量的影响。

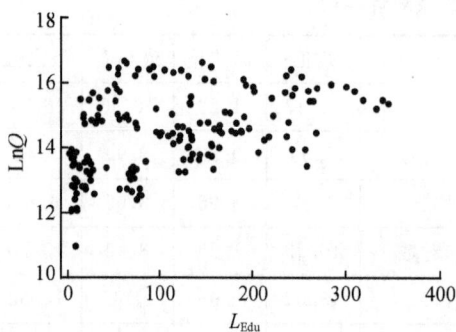

图 4.1　交互项 L_{Edu} 和粮食产量的散点分布　　图 4.2　交互项 L_T 和粮食产量的散点分布

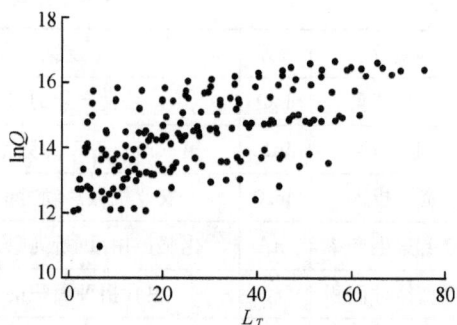

本节研究中采用的数据来自 2001—2014 年黑龙江 13 个省辖市的面板数据，各个变量的数据来源于 2002—2015 年《黑龙江统计年鉴》以及经过计算处理的补充数据，方法如上所述。

4.3.1.2　单位根和协整关系检验

在进行面板数据回归前，首先需要对数据进行单位根和协整关系检验，来判断回归估计结果在长期内是否稳健。本节采用 LLC、IPS、ADF-Fisher 和 PP-Fisher 四种检验方法对面板数据单位根进行检验。首先对各个变量做单位根检验，结果发现不是所有序列都可以通过上述四种检验方法；其次对变量序列做一阶差分处理；最后进行单位根检验，结果显示均为平稳序列，且均为一阶单整，结果见表 4.5。

鉴于各个面板数据序列是同阶单整序列，满足协整关系检验的前提条件。可以采用 EG 两步法对序列进行协整关系检验，即分别建立因变量 lnQ 对各个解释变量的回归模型,来进行协整关系检验。结果如表 4.6 所示,lnQ 的各个回归模型均通过了显著性检验,说明本节的模型是稳健的。

表 4.5　面板数据的单位根检验结果

变量	检验方法			
	LLC	IPS	ADF-Fisher	PP-Fisher
D(lnQ)	-12.7111 (0.0000)	-7.38602 (0.0000)	91.9214 (0.0000)	147.071 (0.0000)
D(lnL)	-12.0486 (0.0000)	-8.12286 (0.0000)	103.978 (0.0000)	118.308 (0.0000)
D(lnK)	-10.5272 (0.0000)	-6.10294 (0.0000)	80.6729 (0.0000)	127.419 (0.0000)
D(lnS)	-14.8939 (0.0000)	-9.38672 (0.0000)	115.0650 (0.0000)	195.832 (0.0000)
D(lnA)	-8.3419 (0.0000)	-6.79515 (0.0000)	96.5662 (0.0000)	131.093 (0.0000)
D(NF)	-16.9823 (0.0000)	-9.67195 (0.0000)	111.9050 (0.0000)	170.992 (0.0000)
D(F)	-13.3151 (0.0000)	-10.356 (0.0000)	132.8200 (0.0000)	231.438 (0.0000)
D(SE)	-13.3001 (0.0000)	-9.65587 (0.0000)	126.2600 (0.0000)	246.652 (0.0000)
D(TR)	-9.0992 (0.0000)	-7.81985 (0.0000)	105.0790 (0.0000)	200.950 (0.0000)
D(Edu)	-10.1021 (0.0000)	-5.69558 (0.0000)	78.4229 (0.0000)	174.166 (0.0000)

注:括号内为 p 值。

表 4.6　面板数据的协整检验结果

变量	Panel PP-Statistic	Panel ADF-Statistic
lnQ 和 lnL	-4.875771 (0.0000)	-5.60457 (0.0000)
lnQ 和 lnK	-7.652899 (0.0000)	-7.83492 (0.0000)
lnQ 和 lnS	-9.908763 (0.0000)	-7.31328 (0.0000)

续表

变量	Panel PP-Statistic	Panel ADF-Statistic
$\ln Q$ 和 $\ln A$	−8.898759 (0.0000)	−9.25174 (0.0000)
$\ln Q$ 和 NF	−6.479748 (0.0000)	−7.25252 (0.0000)
$\ln Q$ 和 F	−7.149515 (0.0000)	−8.04714 (0.0000)
$\ln Q$ 和 SE	−5.742275 (0.0000)	−6.65057 (0.0000)
$\ln Q$ 和 TR	−5.537879 (0.0000)	−6.57001 (0.0000)
$\ln Q$ 和 Edu	−5.243957 (0.0000)	−5.91169 (0.0000)

注:括号内为 p 值。

4.3.2 模型估计和结果讨论

本节使用的面板数据属于长面板数据,因此通过加入个体虚拟变量来估计可能存在的固定效应,相应地,没有加入个体虚拟变量即表示随机效应。并且如上文所述,为了更进一步分析农业劳动力非农就业对粮食产量的影响是否存在劳动力的异质性和时间趋势的影响,本节在式(4.8)的基础上,引入了交叉变量,第一产业劳动力数量与人力资本存量的交叉项和第一产业劳动力数量与时间趋势的交互项。估计结果均列在表 4.7 中。

表 4.7　面板数据估计结果

变量	(1)	(2)	(3)	(4)
	FE	RE	FE	RE
$\ln L$	−0.122*** (−0.000333)	−0.0420*** (−0.00984)	−0.185*** (−0.0135)	−0.107*** (−0.0308)
$\ln K$	0.104*** (−0.000261)	0.233*** (−0.0237)	0.121*** (−0.0107)	0.260*** (−0.0275)

变量	(1)	(2)	(3)	(4)
	FE	RE	FE	RE
lnS	0.373***	0.391***	0.315***	0.326***
	(−0.000689)	(−0.0299)	(−0.0345)	(−0.0319)
lnA	0.222***	0.535***	0.206***	0.558***
	(−0.000534)	(−0.0241)	(−0.0144)	(−0.0251)
F	−0.00217***	0.000514	−0.00234***	−0.000365
	(−5.21E−06)	(−0.000514)	(−0.000192)	(−0.000588)
NF	−0.00605***	0.00360***	−0.00694***	0.00182
	(−3.46E−05)	(−0.00117)	(−0.000887)	(−0.0013)
Edu	−0.00328***	−0.00285***	−0.0146***	−0.0128***
	(−1.19E−05)	(−0.000473)	(−0.000606)	(−0.00174)
SE	−0.00556***	−0.00108**	−0.00605***	−0.00157**
	(−2.17E−05)	(−0.000528)	(−0.000361)	(−0.000632)
TR	−0.00928***	−0.00399***	−0.00951***	−0.00536***
	(−2.55E−05)	(−0.00101)	(−0.000355)	(−0.00105)
T	0.0407***	0.0191***	0.0267***	0.0151
	(−0.00021)	(−0.00437)	(−0.00545)	(−0.00967)
第一产业劳动力数量和人力资本存量的交互项			0.00306***	0.00275***
			(−0.000129)	(−0.000464)
第一产业劳动力数量与时间趋势的交互项			0.00365***	0.000975
			(−0.000649)	(−0.00207)
常数项	8.657***	2.512***	9.807***	3.370***
	(−0.0396)	(−0.232)	(−0.446)	(−0.281)
样本数	182	182	182	182

注：*、**、***分别代表10%、5%和1%的显著性水平，括号内为标准误；省略了固定效应下的区域控制变量的回归结果，在回归过程中，区域控制变量采用虚拟变量的处理方式。

从回归结果中可以直观地发现，农业劳动力的投入量对粮食产量产生了显著影响，其影响是负值，表明黑龙江省农业劳动力的"内卷化"现象仍然十分显著，且还存在劳动力投入边际递减的现象，即为了提高粮食产出应该减少低效率劳动力的投入。这从反面表明释放禁锢在粮食生产中的劳动力，促进农业劳动力非农就业对提升黑龙江全省粮食产量起到了积极作用,通过劳动力的重新优化配置,可以对粮食生产产生正向显著作用。因此,在现阶段,决策者无须过分恐慌黑龙江省农业劳动力的流失,这是目前对全省以及农户自身来说的最优选择。

资本投入量在1%的显著性水平下为正,反映全省农业机械总动力的投入对粮食生产存在积极影响,这与近些年国家、省内推广机械化作业有着直接的联系。并且,黑龙江省位于东北平原,大部分地区地势较为平坦,粮食作物播种面积广阔,先天性优势利于农业机械开展作业,尤其是工作效率较高的大型机械。这进一步印证应该继续推广农业机械的应用。

粮食作物播种面积的影响系数显著为正,表示播种面积越大,越能保证粮食的高产量,也正是因为这样的正向关系,国家近年来一直在强调要保护耕地,坚守18亿亩耕地的红线。耕地资源一旦遭受不可逆的征用,势必直接影响国家粮食安全。

农业技术进步和粮食产量之间的系数显著为正,代表化肥投入对粮食增产起到了有益的推动。这是因为现阶段施用化肥是农户较为普遍的提高产量的方式,也是见效较快的技术手段,种粮农户易于接受。

一般财政支出在本节固定效应回归中呈现负值,这与一般预期不符,表明地方政府的财政助农政策没能取得预期效果。如针对黑龙江大豆的目标价格政策,在2014年出台前预计是补贴农户2.4元/斤,2015年最终执行的标准是每亩60.5元,按照大豆平均单产250斤/亩来计算,相当于每斤大豆仅补贴0.24元,与农户心理预期差距较大,一定程度上打击了农户的生产积极性。

非粮作物比例在固定效应回归中呈现负值,表明其与粮食作物的竞争关系直接影响粮食作物产量。近年来,随着人们饮食结构的改变,对蔬菜、水果等作物的摄入需求增加,市场行情较好,使得种粮农户逐步倾向改变以往种植结构,加入非粮作物,这是市场机制影响下的结果,但如果长此以往,会降低对种粮的积极性与重视程度,势必影响粮食安全供给,需要警惕。

人力资本存量在1%的显著性水平上呈负值,代表人力资本存量低对粮食产量增长起到作用,这反映出全省现实状况,高质量的农业劳动力选择收入相对较高的非农产业,留守的农业劳动力受教育水平普遍较低。

第二、三产业的占比对粮食产量起到负向影响,呈现此消彼长的反向关系,这说明随着第二、三产业的发展,各种农业资源,如劳动力、耕地等被吸引到这些产业的发展中,形成了对粮食产量的冲击,直接影响到粮食安全。

时间趋势项在前三个回归中显著为正,代表一些政策需要经过一定的时间才能对粮食产量起到影响。第一产业劳动力数量和时间趋势项的交互项在固定效应下显著为正,表明要经过一定的时间,农业劳动力转移才会对粮食安全造成影响。因此,从长期来看,决策层依旧不能放松对农业劳动力非农就业现象的关注。

第一产业劳动力数量和人力资本存量的交互项在1%的显著性水平上正向影响粮食产量,表明高质素农业劳动力的非农就业会对粮食产量产生影响,如何提升农业劳动力整体素质,以及如何吸引高素质农业劳动力进入粮食生产领域是值得深入思索的问题。

4.4 非农就业对农业生产技术效率的影响

前面两节着重关注了粮食生产产出中总产量和播种面积的变化,表明农户非农就业促进了劳动节约型粮食种植的扩张。而除此之外,粮食生产中管理能力的变化直接影响粮食生产能力,对此种能力的测度,本部分用农业生产技术效率来衡量。因此,有必要探究一个重要的研究议题,即非农就业对农业生产的技术效率有何影响(Sauer, Gorton, Davidova, 2015)。为此,本节以黑龙江省农户的调研数据为基础,以当地代表性作物玉米为具体研究对象,结合"一步法"随机前沿生产函数实证探究非农就业如何影响农户粮食生产技术效率,并考虑了土地规模对后者的影响。

4.4.1 理论框架与研究假说

依据新劳动力迁移经济学分析框架,家庭依据总体收入最大化原则与风险最小化原则做出是否迁移的决策,而由迁移带来的资金汇款收入可以有效缓解家庭的信贷与资金约束,有效弥补因劳动力短缺造成的对农业生产的影响,即同时考虑了迁移对农业生产造成的劳动力流失效应与汇款收入效应。黑龙江地区的农户亩均经营粮食面积较大,往往采用大型农业机械进行规模化作业,农业机械形成对种植劳动力的有效替代,非农就业获得的汇款收入可以有效支持农户购买机械服务,大大降低对务农劳动者体力与人力资本的依赖(胡雪枝,钟甫宁,2012)。同时,现阶段我国农业生产呈现"内卷化"状态,过多无效率的劳动力投入造成技术效率低下,非农就业有效输出了过多的劳动力,使得农户整体技术效率得到提升。由此提出假说1:非农就业对粮食生产技术效率产生显著正向影响。

依据基本的投入—产出模型,土地的规模化经营会改变农户的投入结构,提高农户耕地经营面积,利于大型机械作业、连片推广新技术、节省农资成本等,由此提升农户的生产技术效率。相反,土地细碎化制约了粮食生产规模经济的实现,降低了全要素生产率,增加了机械作业的难度,增加了田埂和沟渠面积,浪费了耕地资源,降低了灌溉效率(许庆,田士超,徐志刚,等,2008),从而难以实现规模化经营。由此提出假说2:土地的规模化程度对粮食生产技术效率产生显著正向影响。

农户的生产行为与非农就业的模式存在一定的关系。户主是家庭生产决策的主体,代表着家庭的生命周期,其进行非农就业会影响到家庭及时进行农事活动安排与应对生产中出现的问题,且户主往往是家庭青壮年劳动力,是农业生产的中流砥柱。无法保证户主充足的农业生产时间势必会导致生产经营效率低下。因此,有必要进一步区分户主非农就业情况对农业生产的影响。

我国农业生产者近年来向着老龄化、女性化的趋势发展,这主要源于家庭在进行决策时往往优先考虑生产率较高的青壮年劳动力进行非农生产活动。而青壮年劳动力参与非农生产活动会影响对农业生产的体力支出与智力支持,他们往往身体素质较好,相对更适应高强度的农事活动,接受与吸纳新事物的能力也相对更强一些,利于农业新技术的应用。因此,有必要进一步区分青壮年劳动力是否参与非农生产活动。

非农就业的地点是异质性考虑的重要因素。因为伴随着城镇化在全国大中城市的快速推进,中小城市率先开放城镇户籍政策的吸引力提升,跨省跨地区从事非农工作的农民工所占比重逐渐下降,更多的劳动力选择在本地从事非农工作(杨志海,吐尔孙,王雅鹏,2016),这极大地促进了季节性农业生产,弥补了农业生产劳动力的损失,同时相较于异地务工,其返乡务农成本较低。

除此之外,在假说 2 的基础上,有必要加入考虑土地的规模化程度,因为土地的相关问题一向是决策者较为关注的研究议题(Kiplimo,Ngeno,2016)。相关研究针对土地规模化对农业生产技术效率的影响得出的研究结论也存在差异。章立等(2012)采用浙江省农户面板数据,结合随机前沿超越对数生产函数模型,研究发现耕地细碎化对技术效率有显著的正效应。秦立建等(2011)采用安徽省 1995—2002 年的面板数据,发现土地细碎化降低了农户的粮食生产效率。吴天龙(2015a)基于 2014 年在河北省的调研数据,选用 DEA-Tobit 两步法发现土地经营规模化有利于农户种植玉米生产技术效率的提高。陈菁和孔祥智(2016)基于我国 13 个粮食主产区农户的调研数据,研究了土地规模对 3 种粮食作物小麦、水稻与玉米生产的影响,结果表明前两者的单产随经营规模的增加而递减,玉米的经营规模和单产则呈现倒 U 形关系。

为了进一步区分土地的规模化对粮食生产技术效率的影响机制,防止不同规模农户的技术效率差异被平均化,无法体现拥有大规模土地农户的生产优势,有必要通过划分土地的规模化程度,检验其对效率均值的影响程度,同时也可以直接得到分组样本技术效率损失的相关情况。

综上,由此提出假说 3:非农就业、土地规模的异质性对粮食生产技术效率产生的影响不尽相同。

4.4.2 实证分析数据、模型与变量

4.4.2.1 样本数据

本节采用来自黑龙江省的调研数据。为了在研究中避免因为不同粮食作物品种产出换算引起的差异,参考罗丹等(2017)的研究,本节以玉米作为代表性粮食作物,展开投入—产出相关分析,进而进行生产技术效率的相关测算。表 4.8 展示了农户的投入—产出相关比较,从中可以初步发现纯农户的亩均产量(443.7 斤)低于非农就业农户(468.5 斤),前者投工时间稍高于后者。

为了进一步分析非农就业是否对粮食产量产生显著影响,本节进行了均值差异 t 检验,表 4.9 展示了相应的分析结果。从检验结果来看,产量拒绝了原假设,即是否非农就业无差异,从而得出结论,非农就业对玉米产量产生了显著影响。

表 4.8　农户投入与产出比较

变量	全部		纯农户		非农就业农户	
	均值	标准差	均值	标准差	均值	标准差
亩均玉米产量/斤	456.58	166.89	443.72	171.46	468.53	161.74
亩均投工时间/天	3.53	1.12	3.55	1.14	3.51	1.10
亩均机械投入/元	252.11	113.00	237.16	112.39	265.99	111.89
亩均化肥投入/元	242.89	106.06	256.83	102.76	229.95	107.51
亩均农药投入/元	402.89	198.02	410.93	193.48	395.43	202.01
亩均种子投入/元	255.53	114.74	251.37	116.92	259.39	112.64
亩均灌溉投入/元	247.63	113.93	247.00	111.62	248.22	116.12

表 4.9　均值差异 t 检验

变量	纯农户		非农就业农户		t 值	p 值	检验结果
	均值	标准差	均值	标准差			
亩均玉米产量/斤	443.72	171.46	468.53	161.74	−2.51	0.01	拒绝
亩均投工时间/天	3.55	1.14	3.51	1.10	0.67	0.51	接受
亩均机械投入/元	237.16	112.39	265.99	111.89	−4.34	0.00	拒绝
亩均化肥投入/元	256.83	102.76	229.95	107.51	4.31	0.00	拒绝
亩均农药投入/元	410.93	193.48	395.43	202.01	1.32	0.19	接受
亩均种子投入/元	251.37	116.92	259.39	112.64	−1.18	0.24	接受
亩均灌溉投入/元	246.99	111.62	248.22	116.12	−0.18	0.86	接受

4.4.2.2　随机前沿生产函数模型

本节采用随机前沿生产函数模型测算农户的粮食生产技术效率,在借鉴 Dawson 等(1991),Michler 等(2014)模型设定基础上,本节采用的随机前沿生产函数模型如下

$$Y_i = f(X_{ij};\beta_i)\exp(v_i - u_i) \qquad (i = 1,2,\cdots n; j = 1,2,\cdots,m) \quad (4.9)$$

式中,Y_i 为农户 i 的产出;X_{ij} 表示农户 i 的第 j 种要素投入,包括劳动投工量、机械作业支出、化肥支出、农药支出和种植面积;β_i 为上述要素相应的估计系数;v_i 为随机干扰项,且 $v_i \sim N(0,\sigma_{ui}^2)$;$-u_i$ 为方程无效率项。由此,可以表示

农户 i 的粮食生产技术效率为 $\text{TE}_i = E(\exp(-u_i)|v_i - u_i)$。

作为一种参数估计方法，随机前沿生产函数需要设定具体的生产函数形式，本节直接采用经典的 C-D 生产函数。因为本节着重测量技术效率，而非具体的生产技术形式，C-D 生产函数足以充分代表一般的生产技术（Taylor et al.，1986）。

在具体进行随机前沿生产函数模型的估计方法中，本节采用"一步法"估计农户个体的技术效率值及其影响因素（Battese，Coelli，1995；Coelli，1996），而并未采用传统的两步估计方法，因为有研究表明传统的两步法中第一步估计的结果是有偏的（Wang，Schmidt，2002）。在一步估计方法中，u_i 的均值假设由外生变量向量 Z_i 决定，即 $u_i = (\gamma Z_i，\sigma_u^2) \geqslant 0，\varepsilon_i \sim N(0，\sigma_3^2)$，且 ε_i 的分布以 $-\gamma Z_i$ 值为上界。此时，$u_i \sim N^+(\gamma Z_i，\sigma_u^2)$。假设已知 v_i 和 u_i 的分布形式，在模型估计时可以用最大似然估计法对技术效率值进行估计（黄祖辉，王建英，陈志钢，2014）。

以农户家庭是否有非农就业进行分组，随机前沿生产函数模型中涉及的变量的描述性统计结果如表 4.10 所示。表格中以玉米总产量来衡量产出，投入变量根据已有研究选取播种面积、劳动投工量、机械作业费用、化肥费用、农药费用、种子费用和灌溉费用。

表 4.10　描述性统计结果

变量	全部农户		纯农户		非农就业农户	
	均值	标准差	均值	标准差	均值	标准差
玉米总产量/斤	12754.74	8346.73	8576.50	4274.41	16636.04	9283.86
播种面积/亩	27.80	13.50	19.45	7.04	35.55	13.45
劳动投工量/天	98.90	61.86	69.89	37.15	125.85	67.78
机械作业费用/元	7126.58	5063.72	4573.77	2807.47	9497.97	5521.13
化肥费用/元	6562.11	4255.07	4945.36	2610.12	8063.96	4892.21
农药费用/元	11099.47	7983.66	8010.93	5125.33	13968.53	9029.26
种子费用/元	7057.37	4712.05	4907.10	3050.15	9054.82	5091.54
灌溉费用/元	6855.00	4767.57	4778.69	2763.28	8783.76	5389.80

4.4.2.3 技术效率影响因素

参考已有研究和数据的可得性,本节选择如表 4.11 所示的影响技术效率方程的变量。

本节采用的"一步法"估计随机前沿生产函数和技术效率值及其影响因素时,技术效率的影响因素必须为外生变量,但本节的变量劳动力非农就业人数存在内生性问题,直接使用会产生有偏的估计结果。为此,在"一步法"最大似然估计时,采用近 5 年非农就业人数的均值作为非农就业的代理变量。

考虑到非农就业与土地的经营规模是同时决定的,表 4.11 并未采用 2015 年的土地面积作为土地规模化的代理变量,而是采用了 2010 年的土地面积。家庭劳动力定义为 16~65 岁的劳动力。老年人口是 65 岁以上的家庭成员。女性劳动力定义为 16~65 岁的女性劳动力。其余涉及的变量直接列于表 4.11 中。

表 4.11 技术效率方程变量的描述性统计

变量	全部农户		纯农户		非农就业农户	
	均值	标准差	均值	标准差	均值	标准差
非农就业人数/人	1.01	1.23	0.00	0.00	1.94	1.04
2010 年的土地面积/亩	104.67	32.39	83.89	16.99	123.98	31.32
家庭劳动力人数/人	3.21	1.53	2.44	1.28	3.92	1.39
老年人口数量/人	3.32	1.40	3.32	1.30	3.31	1.49
女性劳动力数量/人	2.03	0.80	2.03	0.79	2.04	0.81
户主年龄/岁	54.18	15.23	54.48	14.86	53.90	15.57
户主受教育年限/年	9.06	2.71	9.72	2.21	8.44	2.98
是否受过生产技术培训(是/否)	0.80	0.40	0.89	0.31	0.71	0.45
农业机械拥有量/台	3.34	1.28	3.56	1.07	3.13	1.41
水利基础设施是否好(是/否)	0.73	0.45	0.77	0.42	0.69	0.46
房间数量/间	5.42	1.69	5.38	1.70	5.45	1.68

4.4.3 模型估计结果与解释

表 4.12 展示了随机前沿生产函数的回归结果。从表中可以发现播种面积、劳动投工量、机械作业费用、种子费用正向影响产出,其产出弹性为 1.054、

0.004、0.030 与 0.030。化肥与农药负向影响产出,表明在样本区域,两者已经超过最优使用量,形成高饱和的反向作用。

表 4.12 随机前沿生产函数回归结果

变量	系数估计值	标准误
播种面积	1.054035***	1.80E-06
劳动投工量	0.0040146***	1.68E-05
机械作业费用	0.0298852***	1.10E-05
化肥费用	−0.0669918**	8.93E-06
农药费用	−0.0029456*	6.78E-06
种子费用	0.0295634***	5.25E-06
灌溉费用	−0.0190896	6.30E-06
常数项	7.155885***	2.34E-05

注:***、**、* 分别代表在 1%、5% 与 10% 水平上显著。

表 4.13 展示了技术效率影响因素回归结果,可以发现非农就业人数正向影响生产技术效率,即非农就业人数每增加 1 人,技术效率提高 0.505。土地规模在 10% 的显著性水平上正向影响技术效率,即每增加 1 单位土地面积,技术效率提高 0.584。由此假设 1、假设 2 得到验证。其余农户家庭的特征变量中,农业机械拥有量与水利基础设施正向影响技术效率,其显著性水平分别为 5% 与 10%,代表先进技术、基础设施形成对劳动力的有效替代。房间数量负向影响技术效率,且其影响程度为 5% 的显著性水平。房间数量一定程度上代表家庭财富拥有量,若农户将收入用于扩建房屋等非生产性用途,会影响投入生产的相关资本。家庭劳动力数量与老年人口数量正向影响技术效率、女性劳动力数量负向影响技术效率,但三者的作用程度均不显著。除此之外,户主的年龄、受教育年限与是否受过生产技术培训均正向影响技术效率,但是其作用程度均不显著,足见当前农业生产对受教育水平、经验的需要程度有限。

表 4.13　生产技术效率影响因素回归结果

变量	系数估计值	标准误	p 值
非农就业人数	0.5045372	0.1170581	0.000
2010 年的土地面积	0.5835727	0.3431626	0.089
家庭劳动力人数	0.0704174	0.1938407	0.716
老年人口数量	0.1452412	0.163267	0.374
女性劳动力数量	−0.1033664	0.1839959	0.574
户主年龄	0.0761079	0.169807	0.654
户主受教育年限	0.366135	0.2551743	0.151
是否受过生产技术培训	0.0373897	0.1317798	0.777
农业机械拥有量	0.0290011	0.1970388	0.083
水利基础设施是否好	0.0825247	0.1238986	0.500
房间数量	−0.3617045	0.157495	0.022
常数项	−3.189364	1.954608	0.103

4.4.4　进一步的讨论

本节进一步讨论了非农就业与土地规模的异质性对农业生产技术效率的影响,结果见表 4.14。户主是农户做出各种决策的主要成员,其是否直接参与非农活动会对家庭生产产生重要的影响。非农就业的地点对农业生产存在差异化影响,一般情况下,本地非农就业的农户拥有更多的时间兼顾农事活动,而异地非农就业的农户因距离、成本原因,往往只是季节性地回乡务农甚至放弃农业生产。壮年劳动力通常是农户农业生产的中坚力量,其是否参与非农活动会对农业生产劳动力的供给产生较大影响。

表 4.14 的上半部分展示了以上非农就业的异质性对生产技术效率均值的影响。户主参与非农活动的技术效率均值相较未参与者较低,足见户主脱离农业生产会导致一定程度的技术效率损失。本地非农就业的技术效率均值高于异地非农就业,因为前者可以及时返乡务农,弥补农业劳动力的缺失。壮年劳动力参与非农活动会一定程度影响技术效率,因为壮年劳动力在农业生产中缺失,需要老年人、女性劳动者接替农业生产的角色,其体力或者经验的缺失会导致技术效率下降。

表 4.14 的下半部分是土地规模的差异导致的技术效率均值的差异,总体上来看,伴随着土地规模的扩张,农户的技术效率会有一定程度的提升。规模化经营有利于大规模机械作业,利于灌溉、农药等充分发挥效用,提升技术效率。相反,土地的细碎化易导致技术效率下降(黄祖辉,王建英,陈志钢,2014)。

由此假设 3 得到验证。

表 4.14 非农就业的异质性、土地规模的异质性

变量			技术效率均值	标准差	最小值	最大值
非农就业的异质性	户主是否参与	是	0.876	0.146	0.654	0.956
		否	0.916	0.017	0.763	0.984
	非农就业地点	本地	0.923	0.120	0.789	0.976
		异地	0.890	0.230	0.653	0.983
	壮年劳动力是否参与	是	0.921	0.005	0.754	0.952
		否	0.934	0.056	0.831	0.979
土地规模的异质性	土地规模	0～25%	0.896	0.006	0.765	0.974
		26%～50%	0.945	0.012	0.814	0.976
		51%～75%	0.949	0.281	0.654	0.971
		76%～100%	0.951	0.002	0.852	0.984

4.5 本章小结

粮食产量与播种面积历来是农户最为关注的话题,因此探究非农就业对粮食产出的影响,还须深入结合其对产量与播种面积的影响。首先,本章以黑龙江地区农户 1140 份有效调研问卷为样本,结合联立方程模型展开实证分析,通过三阶段最小二乘法的估计进行研究,结果表明,非农就业对农户粮食产出数量与播种面积存在显著的正向影响,非农就业与两者存在"一致性"。其次,结合黑龙江地区的宏观数据,表明当前黑龙江地区农业劳动力非农就业对粮食产量产生了显著的正向影响。由此从微观与宏观视角表明在当前粮食主产区,伴随着非农就业人数的扩大,农户更加重视粮食的种植,有效保障了粮食主产区

的粮食安全。最后，本章结合"一步法"随机前沿生产函数模型，实证探究非农就业、土地规模对农户粮食生产技术效率的影响。研究发现，非农就业、土地规模均正向影响粮食的技术效率，进一步的讨论表明，从两者的异质性角度出发，户主参与非农活动、异地的非农就业与壮年劳动力参与非农就业分别相较于其对照组呈现更低的技术效率水平。

05/

非农就业对农户种植结构的影响

5.1 引　言

　　第4章探讨了非农就业对农户粮食产量、播种面积和生产技术效率的影响,除此之外有必要探究非农就业对农户粮食种植结构的影响。我国近年来种粮形势持续取得喜人成果的重要原因之一,即粮食内部种植结构得到了调整(朱晶,李天祥,林大燕,等,2013)。而现有文献较少关注非农就业对种植结构的影响,尤其是深入到主产区粮食内部种植结构的相关影响。鉴于此,研究农村劳动力非农就业对种植结构的影响,可以丰富已有研究成果,并且从劳动力非农就业的作用机理着手优化粮食作物的种植结构,形成其"供给侧结构性改革"的新局面,从而保证长久稳定的粮食安全态势。除此之外,在探究非农就业对粮食内部种植结构的影响之后,需要进一步研究非农就业对粮食外部种植结构的影响,即对粮食作物和经济作物种植面积的影响,以此形成较为全面综合的阐述。对农户家庭来说,不仅要关注粮食内外部的种植结构,还需要关注农作物整体的种植结构。因此本章还探讨了非农就业对农户整体农作物种植结构的影响。

5.2 理论机制

　　在新劳动力迁移经济学分析框架下,农户的非农就业行为是以家庭为基础分析单元的,被视为家庭在农村各种市场机制不完善的条件下缓解生产活动中的资金、信贷约束以及为家庭提供保险功能的集体行动策略之一。劳动力非农就业形成的劳动力流失效应和汇款流入效应,改变了农户实现效用最大化时的投入或产出组合,导致农业生产结构发生变化(钱文荣,郑黎义,2011)。在农户层次上分析生产结构的变化,主要考虑的因素包括农户人力资本、物力资本、自然资本以及社会资本的变化。从粮食内部种植结构来看,非农就业会促使家庭集中种植劳动力节约型粮食种类;在粮食外部种植结构来看,非农就业会促使劳动力节约型、更适宜机械化作业的粮食作物种植面积上升,以此适应劳动力短缺造成的影响,从而相应减少对劳动力需求较为密集的经济作物的种植面积。从总体农作物种植结构来看,非农就业形成的劳动力短缺效应极有可能使得农户减少农作物种植种类以形成新的种植结构安排。

5.3 非农就业对农户粮食内部种植结构的影响

5.3.1 变量选择、数据说明与描述性统计分析

在实证分析非农就业对粮食内部种植结构的影响时,应该以玉米、水稻、大豆、薯类以及小麦的种植面积作为衡量粮食内部种植结构的因变量,以非农就业人数作为关键的自变量,同时结合研究地区样本的实际情况选择一些控制变量,具体变量的选择、数据说明如下。

5.3.1.1 关键变量

将样本农户5年间的非农就业人数的均值作为非农就业人数的代理变量,一方面以均值平滑数据产生的波动,另一方面可减少非农就业和农业生产决策可能存在的内生性问题。除此之外,在研究中进一步区分非农就业的地点异质性,具体将其划分为本地非农就业与异地非农就业,此项划分主要考虑到本地非农就业与异地非农就业对农业生产活动的支持力度是存在差异的,由此使得投入到粮食种植中的资源禀赋发生变化,形成不同的种植结构安排。具体取值采用样本农户5年间的非农就业人数平均值作为代理变量。

5.3.1.2 控制变量

(1)户主特征变量

户主特征变量包括户主年龄、受教育水平、是否受过培训、是否是党员、是否是村干部。主要是考虑到户主是家庭生产、生活的重要决策者,其对家庭种植结构安排具有重要的影响力与话语权。户主的人力资源状况直接影响到家庭决策的方向与执行力度,因此有必要加入户主的特征变量。

(2)家庭特征变量

家庭特征变量包括家庭收入、劳动力数量、耕地面积和农业机械拥有量。家庭收入代表着家庭的财富水平,是农户安排种植结构时必须考虑的资金约束

条件。劳动力数量代表着家庭可以供给的投工时间数量,而不同的粮食作物需要差异化的投工时间,因此需要的劳动力数量是存在差异的。耕地面积是粮食作物最为基本的投入要素,且不同的粮食作物的产出具有差异的规模效应,因此需要考虑耕地面积对粮食种植结构的影响。同时,需要进一步考虑耕地规模与本地非农就业、异地非农就业变量的交互项,以此更为清晰地分析耕地规模的异质性。农业机械拥有数量代表着家庭的生产资料状况,同时不同的粮食作物、机械作业的产出效率是不一样,因此农业机械拥有量会对粮食的种植结构产生影响。

(3)区域特征变量

区域特征变量包括区域土壤质量、水利设施状况、区域位置、区域示范效应。区域土壤质量的代理变量是考虑农户所在区域种植土壤是否是黑土地,因为预期黑土地具有较高的产出效率,会在一定程度上提高农作物产出数量,而农户会依据粮食作物的单产进行新的粮食作物种植安排。水利设施状况直接影响到农户粮食产出效益,在研究中将其划分为水利设施状况较好和状况较差。若水利设施状况较好,农户会扩大一些用水量较大的粮食作物的种植;若水利设施状况较差,则农户会扩大一些耐旱的粮食作物的种植。区域位置具体划分为是否位于黑龙江省北部,因为北部地区常年积温较低,农户进行粮食种植安排时通常组合有限。区域示范效应以附近是否有国有大农场来衡量。国有大农场通常响应国家政策安排进行相应的粮食作物种植结构安排,对普通农户具有明显的种植结构溢出效应。

变量相应的定义以及描述性统计分析如表5.1所示。

表 5.1 变量定义及统计描述

变量		定义	均值	标准差	最小值	最大值
关键变量	非农就业人数	农户家庭劳动力非农就业的人员数量/人	1.01	1.23	0	7
	本地非农就业人数	农户家庭劳动力在本地非农就业的人员数量/人	1.21	0.90	0	7
	异地非农就业人数	农户家庭劳动力在异地非农就业的人员数量/人	0.95	0.76	0	7

变量		定义	均值	标准差	最小值	最大值
控制变量	户主特征	户主年龄	户主年龄/岁	54.18	15.24	30	80
		户主受教育年限	户主接受正规教育的年限/年	9.06	2.72	0	16
		户主是否受过培训	受过培训=1,没有接受过=0	0.80	0.40	0	1
		户主是否是党员	是=1,否=0	0.48	0.50	0	1
		户主是否是村干部	是=1,否=0	0.49	0.50	0	1
	家庭特征	家庭收入	农户家庭全年总收入/万元	2.14	3.44	0.05	48.00
		耕地面积	农户家庭耕地拥有数量/亩	94.67	32.42	40	215
		农业机械拥有量	农户家庭拥有农用机械数量/台	3.34	1.28	0	6
		家庭劳动力数量	农户家庭16~65岁的劳动力数量/人	3.21	1.53	0	10
	区域特征	区域土壤质量	农户耕地是否是黑土地:是=1,否=0	0.49	0.5	0	1
		水利基础设施	农户水利基础设施:好=1,不好=0	0.73	0.45	0	1
		区域位置	农户家庭位于北部=0,非北部=1	0.75	0.43	0	1
		区域示范效应	附近有国有农垦大农场=1,没有=0	0.70	0.46	0	1

5.3.2 模型构建与似不相关回归方法

根据相关研究问题,本节构建的实证模型如下

$$P_i = \alpha_1 + \alpha_2 M_{in} + \alpha_3 M_{in}S + \alpha_4 Z_i + \varepsilon_i \tag{5.1}$$

式中,P 代表各种粮食作物的播种面积;M 代表非农就业的人数;S 表示耕地规模;Z 是其他控制变量;ε 表示误差项;$i=1,2,3,4,5$,分别代表玉米、水稻、大豆、薯类和小麦;$n=1,2$,分别表示本地非农就业和异地非农就业;$\alpha_1 \sim \alpha_4$ 分别

为截距项和估计系数。

式(5.1)包含 5 个被解释变量,一些不可观测的因素会同时影响这 5 个因变量,如果单独估计每个方程有可能导致残差项之间的协方差不为零。因此采取似不相关回归(Seemingly Unrelated Regressions Model,SUR)的方法,以提高估计的渐进效率(苏卫良等,2016)。

Zellner(1962)最早对似不相关回归模型进行了分析,其是一组线性方程

$$y_m = x_m \beta_m + \varepsilon_m \tag{5.2}$$

式中,x_m 和 β_m 都是 $k_m \times 1$ 的列向量,$m=1,2,\cdots,M$。模型允许自变量 x_m 的维数和组成在各个方程中不同,但在实际应用中各个方程自变量往往是一样的。式(5.2)的方程组之间表面上没有什么关联,每个方程都有其相应的因变量、自变量和参数 β_m。但是不同方程的随机误差项之间是相关的。式(5.2)相对应的样本回归模型为

$$y_{mi} = x_{mi} \beta_m + \varepsilon_{mi} \tag{5.3}$$

式中,$m=1,2,\cdots,M$;$i=1,\cdots,n$。或者上面的方程组可以表示为

$$y_i = X_i \beta + \varepsilon_i \tag{5.4}$$

此处,$y_i = (y_{1i}, y_{2i}, \cdots, y_{Mi})'$,包括所有 M 个方程的因变量;$\varepsilon_i = (\varepsilon_{1i}, \varepsilon_{2i}, \cdots, \varepsilon_{Mi})'$;$X_i$ 是一个 $M \times K$ 的矩阵;$K = k_1 + k_2 + \cdots + k_M$,包括系统中所有自变量。

$$X_i = \begin{bmatrix} x^{1i} & 0 & 0 & \cdots & 0 \\ 0 & x^{2i} & 0 & \cdots & 0 \\ 0 & 0 & 0 & \cdots & \vdots \\ \vdots & \vdots & \vdots & \ddots & 0 \\ 0 & 0 & 0 & \cdots & x^{Mi} \end{bmatrix}, \beta = \begin{bmatrix} \beta_1 \\ \beta_2 \\ \vdots \\ \beta_M \end{bmatrix}.$$

5.3.3 实证估计结果与相关分析

表 5.2 展示了似不相关回归模型的估计结果。Breusch-Pagan test of independence 结果的 p 值为零,表明在 1‰ 的显著性水平上拒绝各方程扰动项互相独立的原假设,似不相关回归模型适用于样本数据的分析。从总体上来讲,本地、异地的非农就业均扩大了玉米的种植面积,降低了其余粮食作物的种植面积。具体来看,相比较于本地非农就业,异地非农就业影响程度更为

深刻。每增加 1 个异地非农就业人员,农户玉米种植面积提升 7.69%;而每增加 1 个本地非农就业人员,玉米种植提高 6.34%。这意味着非农就业的增加推动着农户粮食种植结构向着高产劳动节约型作物方向进行调整,且异地非农就业对种植结构调整的影响更为深刻。同时,结合宏观现实状况,推论出的粮食种植结构与现实情况基本一致,黑龙江地区玉米种植面积已经达到 664.2 万公顷(2014 年),占全省粮食作物播种面积的 47%,与 2004 年相比前者增长了 210%,后者增长了 62%。[①] 由此可以发现,通过本节的实证结果,可以从劳动力非农就业的作用机制来解释当下玉米种植面积不断扩大的现象。

表 5.2 似不相关回归的估计结果

变量		水稻	玉米	薯类	大豆	小麦
关键变量	非农就业人数(本地)	−0.0280 (0.0350)	0.0634** (0.0272)	−0.00533 (0.0202)	−0.0250 (0.0250)	−0.00445 (0.00632)
	非农就业人数(异地)	−0.0230** (0.0111)	0.0769*** (0.00955)	−0.0211*** (0.00573)	−0.0314*** (0.00735)	−0.00257 (0.00165)
控制变量 户主特征变量	户主年龄	−0.000291 (0.000631)	−0.000307 (0.000491)	0.000309 (0.000364)	0.000138 (0.000451)	6.34e−05 (0.000114)
	户主受教育年限	0.00797* (0.00434)	−0.00030 (0.00337)	−0.00359 (0.00250)	−0.00528* (0.00310)	0.00152* (0.000782)
	户主是否受过培训	−0.0664** (0.0304)	−0.0227 (0.0236)	0.0419** (0.0175)	0.0412* (0.0217)	0.0049 (0.00548)
	户主是否是党员	0.00517 (0.0185)	−0.01850 (0.0144)	−0.00181 (0.0107)	0.01390 (0.0132)	0.00283 (0.00334)
	户主是否是村干部	0.00810 (0.0183)	−0.00908 (0.0142)	0.00599 (0.0105)	−0.00260 (0.0130)	−0.00276 (0.00330)

① 数据来源于《黑龙江统计年鉴 2015》。

变量			水稻	玉米	薯类	大豆	小麦
控制变量	家庭特征变量	家庭收入	2.70E−07	6.40E−09	2.54E−07	−3.89E−07	−1.27E−07
			(7.29E−07)	(5.67E−07)	(4.20E−07)	(5.21E−07)	(1.32E−07)
		耕地面积	0.00194***	0.00163***	0.00109***	−0.00225***	0.000214*
			(0.000682)	(0.000531)	(0.000393)	(0.000487)	(0.000123)
		农业机械拥有量	−0.00694	0.00220	0.00101	0.00405	−2.43E−05
			(0.00815)	(0.00634)	(0.00469)	(0.00582)	(0.00147)
		家庭劳动力数量	−0.00131	−0.00209	0.00199	0.00137	0.000153
			(0.00749)	(0.00583)	(0.00431)	(0.00535)	(0.00135)
	区域特征变量	区域土壤质量	−0.01640	0.00446	0.00173	0.00738	0.00252
			(0.0181)	(0.0141)	(0.0104)	(0.0129)	(0.00326)
		水利基础设施状况	−0.0351	−0.0334	0.0297	0.0370	0.00368
			(0.0397)	(0.0309)	(0.0229)	(0.0284)	(0.0072)
		区域位置	0.0774**	0.0384	−0.0294	−0.0899***	0.0018
			(0.0382)	(0.0297)	(0.0220)	(0.0273)	(0.00689)
		区域示范效应	0.00157	−0.00673	−0.00723	0.00847	0.00513
			(0.0246)	(0.0191)	(0.0141)	(0.0175)	(0.00443)
常数			0.6410***	0.4390***	0.0137	−0.0597	−0.0313*
			(0.0918)	(0.0714)	(0.0529)	(0.0656)	(0.0166)

注:***、**、*分别代表在 1%、5%和 10%的水平上显著,括号中为标准差。

在控制变量中,耕地面积对各种粮食作物面积具有较强的解释力度,每增加 1 亩耕地面积,农户水稻、玉米、薯类和小麦的种植面积分别提升 0.194%、0.163%、0.109%和 0.0214%,大豆的种植面积下降 0.225%。表明耕地规模对农户种植粮食的意愿具有较强的引导力度。进一步,在式(5.1)的基础上引入了非农就业和耕地规模的交互项,同样进行似不相关回归估计,其回归结果如表 5.3 所示。

表 5.3　加入耕地面积交互项之后的似不相关回归的估计结果

变量			水稻	玉米	薯类	大豆	小麦
关键变量	非农就业人数		−0.0263	0.0634**	−0.00520	−0.0250	−0.00219
	（本地）		(0.0351)	(0.0271)	(0.0201)	(0.0253)	(0.00631)
	非农就业人数		−0.0251**	0.0780***	−0.0250***	−0.0330***	−0.00256
	（异地）		(0.0113)	(0.00950)	(0.00573)	(0.00732)	(0.00161)
	耕地面积与本地非农就业人数交互项		0.000233	0.00182***	0.000607***	0.000926***	0.000184
			(0.000345)	(0.000297)	(0.000178)	(0.000229)	(0.000123)
	耕地面积与异地非农就业人数交互项		0.000261	0.00231***	0.000639***	0.000930***	0.000024*
			(0.000331)	(0.000187)	(0.000161)	(0.000228)	(0.000297)
控制变量	家庭特征变量	户主年龄	−4.00E−05	2.95E−05	−5.13E−05	−1.84E−05	9.39E−05
			(0.000398)	(0.000343)	(0.000206)	(0.000264)	(5.94E−05)
		户主受教育年限	−0.00615**	0.00121	0.00177	0.00316*	0.000113
			(0.00267)	(0.00230)	(0.00138)	(0.00177)	(0.000397)
		户主是否受过培训	−0.00686	0.0135	−0.00515	−0.00388	0.00111
			(0.0176)	(0.0152)	(0.00911)	(0.0117)	(0.00263)
		户主是否是党员	−0.00752	0.0213*	−0.00178	−0.0132	0.000669
			(0.0127)	(0.0109)	(0.00656)	(0.00841)	(0.00189)
		户主是否是村干部	0.0256**	−0.0156	−0.00144	−0.00686	−0.000850
			(0.0127)	(0.0110)	(0.00657)	(0.00843)	(0.00190)
		家庭收入	−1.98e−07	1.28e−07	2.10e−08	2.23e−08	3.58e−08
			(1.58e−07)	(1.36e−07)	(8.18e−08)	(1.05e−07)	(2.36e−08)
		农业机械拥有量	0.0124**	−0.00186	−0.00261	−0.00722*	−0.000286
			(0.00566)	(0.00487)	(0.00292)	(0.00375)	(0.000843)
		家庭劳动力数量	−0.00561	0.00564	0.00192	−0.000847	−0.000496
			(0.00608)	(0.00524)	(0.00314)	(0.00403)	(0.000907)

变量			水稻	玉米	薯类	大豆	小麦
控制变量	区域特征变量	区域土壤质量	−0.00509	−0.00678	−0.000768	0.0136	−0.000828
			(0.0127)	(0.0109)	(0.00655)	(0.00841)	(0.00189)
		水利基础设施状况	−0.0313	−0.00294	0.0133	0.0205	−0.00153
			(0.0261)	(0.0225)	(0.0135)	(0.0173)	(0.00390)
		区域位置	−0.00271	0.00100	0.00788	−0.00979	0.00409
			(0.0252)	(0.0217)	(0.0130)	(0.0167)	(0.00376)
		区域示范效应	0.0228	−0.00359	−0.0148*	−0.00571	0.00258
			(0.0156)	(0.0134)	(0.00806)	(0.0103)	(0.00232)
常数			0.554***	0.373***	0.0564**	0.0174	−0.00210
			(0.0552)	(0.0476)	(0.0285)	(0.0366)	(0.00823)

注:***、**、*分别代表在1%、5%和10%的水平上显著,括号中为标准差。

在加入耕地面积与非农就业人员的交互项后,Breusch-Pagan test of independence 结果的 p 值为零,表示似不相关回归模型仍然适用于对样本数据的分析。从表5.3可以发现,总体上来讲各个变量估计结果的影响方向和作用程度相较表5.2有所改善,耕地面积与本地、异地非农就业人数的交互项的影响程度非常显著,且涉及异地的交互项作用力度要强于本地的交互项,由此可见异地非农就业对农户产生了较强的劳动力流失效应。同时,一般情况下本地非农就业人员与家庭成员联系较为紧密,或者从事较多的临时性工种,可以及时地补偿性提供农事活动的劳动人手;但是异地非农就业人员往往距离家庭较远,存在交通成本,无法有效补充农忙时节劳动力的短缺。

从本地非农就业来看,其对大豆的种植面积影响为负,且不显著;但它与耕地规模的交互项影响为正,且十分显著,说明农户的耕地规模越大,本地非农就业农户越倾向于扩大大豆种植面积。同理,这也适用于回归结果中对薯类、小麦种植面积的解释。除此之外,本地非农就业对水稻种植面积的影响为负,但是与耕地面积的交互项对水稻种植面积的影响为正,且不显著,表明对耕地规模较大的农户来说,本地非农就业促使农户有可能提高水稻种植面积,但是此种影响解释力度较为微弱。本地非农就业人数、本地非农就业人数与耕地的交互项两者对玉米的种植面积均产生显著的正向影响,表明对任何规模耕地的农户来看,本地非农就业均促使其加大玉米的种植力度。

从异地非农就业来看,其对玉米的种植面积影响为正,且十分显著,同时异地非农就业与耕地面积的交互项对玉米的种植面积也有显著的正向影响,这表明对农户家庭来讲,扩大玉米种植规模并未受到耕地规模的限制。除此之外,对其余四种粮食作物来说,异地非农就业对其种植面积产生了不同程度的负面影响,但是异地非农就业和耕地面积的交互项对四者的种植面积均产生了正向的影响。这说明,对耕地规模较大的农户来讲,异地非农就业促使农户加大粮食作物的种植规模。

结合似不相关回归方法(SUR),本节考察了非农就业的地点异质性对农户粮食内部种植结构的影响,并且加入了耕地规模和非农就业的交互项进一步研究其内在作用机理。研究发现,农户的本地非农就业和异地非农就业均促进了玉米的种植面积的增长,并且异地非农就业的增长对玉米种植面积的扩张具有更强的影响力;结合农户的耕地规模来看,对耕地规模较大的农户,异地非农就业促使农户的粮食作物种植面积上升。

5.4 非农就业对粮食外部种植结构的影响

在研究了非农就业对粮食内部种植结构的影响之后,有必要继续分析非农就业对农户粮食外部种植结构的影响。为此,本节主要考察非农就业对粮食作物种植情况和经济作物种植情况的影响。实证中结合研究问题的实际、变量的选择情况等,采用似不相关双变量 Probit 模型进行分析。

5.4.1 变量选择、数据说明和描述性统计分析

结合研究问题与数据的可得性,本节采用的变量以及数据说明如下。

5.4.1.1 粮食外部种植结构

在研究中将粮食外部种植结构的代理变量定义为"是否增加了粮食作物的种植面积"以及"是否减少了经济作物的种植面积","是"为1,"否"为0。

5.4.1.2 关键变量

以农户家庭 5 年间平均的劳动力非农就业人数作为关键变量非农就业的代理变量,主要目的是利用平均值减少波动产生的不稳定以及防止非农就业与

农户的生产结构存在内生性问题。

5.4.1.3 控制变量

（3）户主特征变量

户主特征变量包括户主年龄、受教育年限、是否是党员、是否受过培训、是否是村干部。户主的这些特征变量均代表着其人力资本状况，直接影响其所在家庭农业生产、日常生活的决策。户主年龄、受教育年限影响其生产经验和生产水平。是否是党员代表其思想觉悟水平，直接关系到对国家相关政策的理解与解读能力。是否受过培训直接关系到农户家庭对生产技术的理解与应用，影响到生产结构的合理安排。是否是村干部代表着家庭的人际交往范围与信息获取的广度，从与群众接触中、从对国家政策的详尽解读中可以掌握更合理的种植结构安排。

（2）家庭特征变量

家庭特征变量包括家庭收入、家庭劳动力人数、耕地面积、农业机械拥有量。家庭收入关系到家庭可以用于扩大再生产的资金能力以及代表着种植结构最为重要的资金约束，在实证分析中取其对数减少其波动效应。家庭劳动力人数代表着重要的劳动力投工量，直接影响到种植结构安排的选择。耕地面积是最为重要的要素投入之一，直接关系到种植结构安排的土地资源约束。农业机械拥有量代表着家庭机械化水平，影响着农户家庭的生产效率，而不同的农作物对机械的需求量是存在差异的，因此农户家庭机械持有量关系到种植结构安排的选择。

（3）区域特征变量

区域特征变量包括区域土壤质量、区域地理位置、水利基础设施状况、区域示范效应。区域土壤质量主要衡量样本农户种植农作物的土壤是否是黑土地，因为一定相同条件下黑土地的生产力较高，农户有机会种植更多种类的农作物。区域地理位置主要划分农户是否位于黑龙江省北部地区，因为北部地区积温较低，种植的作物种类受到一定的限制。水利基础设施状况以受访农户当地水利基础设施状况来衡量，水利基础设施直接关系到农作物的灌溉与生长、成熟从而影响到产出效率、种植结构，若水利基础设施"不好"，农户可能会选择较为耐旱的作物种植结构，若水利基础设施"好"，农户种植的作物种类则较为自由。区域示范效应主要观察农户当地是否有国有性质的大农场，因为农户的种植结构选择较易受当地国有大农场种植作物选择的影响。

（4）政策、价格特征

除此之外，在考虑农户是否会增加粮食的种植面积时应该加入粮食政策的影响因素。若当地对国家相关的粮食政策措施落实得较好，则农户会扩大粮食的种植面积；相反，若当地对粮食政策措施的执行力度较差，则农户可能会减少或者维持粮食的种植面积。在考虑农户是否会增加经济作物的种植面积时应该加入"经济作物的市场价格是否具有吸引力"这一影响因素。对农户来讲，若市场价格具有吸引力，一般都会扩大经济作物的种植面积作为基本的响应。

变量的描述性统计分析如表 5.4 所示。

表 5.4　变量定义及统计描述

	变量	变量定义	均值	标准差	最小值	最大值
关键变量	非农就业人数	农户家庭劳动力非农就业的人员数量/人	1.01	1.23	0	7
控制变量	户主特征	户主年龄	户主年龄/岁	54.18	15.24	30	80
		户主受教育年限	户主接受正规教育的年限/年	9.06	2.72	0	16
		户主是否受过培训	受过培训＝1，没有接受过＝0	0.80	0.40	0	1
		户主是否是党员	是＝1，否＝0	0.48	0.50	0	1
		户主是否是村干部	是＝1，否＝0	0.49	0.50	0	1
	家庭特征	家庭收入	农户家庭全年总收入/千元	21.44	34.39	0.50	480
		耕地面积	农户家庭耕地拥有数量/亩	94.67	32.42	40	215
		农业机械拥有量	农户家庭拥有农用机械数量/台	3.34	1.28	0	6
		家庭劳动力数量	农户家庭 16～65 岁的劳动力数量/人	3.21	1.53	0	10
	政策、价格特征	国家粮食政策落实较好	国家粮食政策落实较好＝1，不好＝0	0.78	0.55	0	1
		经济作物市场价格具有吸引力	市场价格具有吸引力＝1，否＝0	0.66	0.49	0	1

5.4.2 似不相关双变量 Probit 模型的构建

在分析劳动力非农就业对粮食和经济作物的种植面积影响时,鉴于被解释变量属于二分变量"是否会扩大粮食作物种植面积"和"是否会扩大经济作物面积",两者的扰动项彼此影响,同时两者的观测值满足正态分布,并且粮食和经济作物两者的种植面积影响因素不同,因此采用似不相关双变量 Probit 模型进行实证分析,其基本的模型如下(陈强,2014)

$$\begin{cases} y_1^* = x_1\beta_1 + \varepsilon_1 \\ y_2^* = x_2\beta_2 + \varepsilon_2 \end{cases} \tag{5.5}$$

式中,y_1^* 和 y_2^* 为不可观测的潜变量,扰动项(ε_1,ε_2)服从二维联合正态分布,期望为 0,方差为 1,相关系数为 ρ,即

$$\begin{bmatrix} \varepsilon_1 \\ \varepsilon_2 \end{bmatrix} \sim N \left\{ \begin{bmatrix} 0 \\ 0 \end{bmatrix}, \begin{bmatrix} 1 & \rho \\ \rho & 1 \end{bmatrix} \right\} \tag{5.6}$$

可观测变量 y_1 和 y_2 由以下的方程所决定:

$$y_1 = \begin{cases} 1, 若\ y_1^* > 0 \\ 0, 若\ y_1^* \leqslant 0 \end{cases}$$

$$y_2 = \begin{cases} 1, 若\ y_2^* > 0 \\ 0, 若\ y_2^* \leqslant 0 \end{cases} \tag{5.7}$$

两个被解释变量不完全相同,即 $x_1 \neq x_2$,式(5.5)至式(5.7)为似不相关双变量 Probit 模型。这两个方程唯一的联系是扰动项的相关性。

5.4.3 实证估计结果和相关分析

非农就业对粮食外部种植结构的影响,即"非农就业是否会增加粮食作物的种植面积"和"非农就业是否会增加经济作物的种植面积"实证估计结果展示在表 5.5 中。Wald 检验表明在 5% 的显著性水平上拒绝各方程扰动项互相独立的原假设,似不相关回归双变量 Probit 模型适用于样本数据的分析。

从表 5.5 可以看出,劳动力非农就业总体在 1% 的显著性水平上会提升粮食作物的种植面积,在 1% 的显著性水平上不会扩大经济作物的种植面积,这主要源于非农就业使得家庭劳动力短缺,使农户转向劳动节约型的粮食作物生产。此种现象与黑龙江总体统计数据相一致,因为黑龙江粮食作物种植面积占

农作物种植面积的比例从 2004 年的 85％ 上升到 2014 年的 96％。

表 5.5　非农就业对粮食外部种植结构的影响

变量		粮食作物	经济作物
关键变量	非农就业人数	0.0518***	−0.0645***
		(0.00370)	(0.00566)
控制变量	户主特征变量		
	户主年龄	0.5682	0.000112
		(0.000133)	(0.000202)
	户主受教育年限	−0.000857	0.00122
		(0.000871)	(0.00133)
	户主受是否受过培训	−0.0184***	0.0241***
		(0.00596)	(0.00910)
	户主是否是党员	−0.00478	0.00656
		(0.00408)	(0.00626)
	户主是否是村干部	0.00121	−0.00417
		(0.00407)	(0.00625)
	家庭特征变量		
	家庭收入	0.4238**	0.4148*
		(0.006198)	(0.0089808)
	家庭劳动力数量	0.00210	−0.00298
		(0.00180)	(0.00283)
	耕地面积	0.000495***	−0.000471***
		(0.000120)	(0.000180)
	农业机械拥有量	0.00543***	0.00854**
		(0.00178)	(0.00275)
	区域特征变量		
	区域土壤质量	0.00753*	−0.00993
		(0.00408)	(0.00626)
	水利基础设施	−0.00449	0.0114
		(0.00853)	(0.0131)
	区域位置	0.00641	−0.0117
		(0.00825)	(0.0127)
	区域示范效应	0.00466	0.00401
		(0.00520)	(0.00790)
	政策价格特征		
	国家粮食政策落实较好	0.00645	
		(0.00823)	
	经济作物市场价格具有吸引力		0.00422
			(0.00791)
常数		0.976***	−0.0230
		(0.0179)	(0.0275)

注：***、**、* 分别代表在 1％、5％和 10％的水平上显著，括号中为标准差。

　　具体来看,粮食作物相较于经济作物,属于劳动节约型农作物,不需要大量劳动力的投入,降低了农户对劳动力数量的依赖;而经济作物属于高投入的密集型种植业,需要在田间管理等各个生产环节投入较多劳动力。结合黑龙江近些年的总体农作物种植实际情况,粮食作物播种面积占据第一大份额,随后是蔬菜、食用菌等经济作物占据较大的播种面积,其在 2014 年达到 26.9 万公顷的播种面积。在蔬菜种植面积中,占据较高种植份额的为白菜、黄瓜和萝卜。以黄瓜为例,其每亩用工数量为 26.43 日,而玉米的每亩用工数量仅为 2.92 日,水稻的每亩用工数量仅为 3.18 日,大豆的每亩用工数量为 1.76 日,由此可见粮食作物需要的投工数量远远低于经济作物对劳动力数量的需要。因此,实证估计强有力地印证了非农就业产生的劳动力流失效应促使粮食种植面积上升的结论。

　　除此之外,在控制变量中,耕地面积增加会促使农户增加粮食种植面积,对经济作物面积则呈负向影响,表明随着耕地面积的扩张,农户倾向于扩大粮食作物的耕种面积,粮食作物的种植仍然处于规模报酬递增的阶段。农业机械拥有量的增加会促使农户提高粮食作物和经济作物的种植面积,表明作为技术投入,农业机械对扩大生产规模具有重要的作用。家庭收入的增加会显著提高农户粮食作物和经济作物的种植面积,表明家庭的资本存量对扩大再生产起到正面的作用。区域土壤若为黑土地,则会正面促使农户提高粮食作物的种植面积,表明黑土地对粮食的产出数量、效率等具有重要意义。

　　综上,结合似不相关回归双变量 Probit 模型,本节考察了非农就业对粮食外部种植结构的影响。研究结论表明,非农就业的增加会促使农户扩大粮食作物的种植面积,同时会促使农户降低或者维持经济作物的种植面积。

5.5　非农就业对农户农作物整体种植结构的影响

　　本章前几节已经探讨了非农就业对粮食内部种植结构和粮食外部种植结构,即粮食和经济作物的种植结构的相关影响,着重以粮食为核心研究对象,而农户在家庭农业作业安排中不仅注重粮食的种植结构,还要重视家庭种植业整体的结构安排,做到多样化种植以减少农业生产中的自然风险、社会风险、市场风险和政策风险等。基于此,本节继续探究非农就业对农户农作物种植结构的整体影响,研究非农就业如何影响种植业的结构变化,以及其中蕴含的作用机理。

5.5.1 变量选择和描述性统计分析

为了方便后续的实证模型分析,有必要选择一系列变量作为实证研究的自变量和因变量等,依据本节研究的核心问题,选择下列变量作为实证研究的相关变量用于进一步的分析。

5.5.1.1 农作物种植结构

前人在实证分析中定义了不同的变量来作为农作物种植结构的代理变量,其中较多采用农作物的种植面积作为衡量种植结构的标准,如董晓霞等(2006),薛庆根等(2014),吴清华等(2015),王翌秋和陈玉珠(2016)的相关研究。本节探究农作物整体的种植结构是在研究了粮食内部种植结构、外部种植结构的基础上形成了更广阔意义上的种植业结构的研究,因此采用农作物多样化程度作为衡量种植结构的代理变量,在实证分析中具体采用的数据是农作物的种类(郑黎义,2011),将农作的种类增加定义为种植结构具有多样化的趋势,将农作物种类减少定义为种植结构具有单一化的趋势。

5.5.1.2 关键变量

关键变量非农就业采用农户家庭 5 年间的平均非农就业人数作为衡量标准之一,如此平均化的处理方式可以减少数据波动造成的不稳定的影响,也可以减弱非农就业对农业生产决策的内生性相关影响,以此提高估计结果的准确性和可靠性。除此之外,还纳入了非农就业时间作为第二个衡量非农就业的标准(李德洗,2014),具体采用农户家庭非农就业成员外出时间的平均数值(单位:月/人)作为非农就业时间的估计数据,以此衡量家庭对非农就业的投入时间与重视程度。另外,还需要加入非农就业人员的受教育水平作为衡量非农就业的标准之一,考察非农就业人员的人力资本异质性,以此区分不同受教育水平的非农就业人员对种植结构不同的影响。

5.5.1.3 控制变量

除了关键变量的选择之外,实证分析中还需要加入一些控制变量。

(1)家庭土地面积

家庭土地面积,具体采用农户家庭 2010 年的土地面积作为纳入模型的数据,因为若直接采用调查年度的土地面积数据,有可能与农作物种植结构存在内生性的问题,因此采用前定变量的处理方式减少可能存在的内生性问题。

（2）户主特征变量

户主的相关特征变量具体包括户主的年龄、受教育水平和是否参加过生产培训。主要是考虑到户主是家庭生产、生活的主要决策者，对家庭产出相关问题都具有一定的话语权、决定权，所以其自身的特征，尤其是人力资本特征会影响到种植业结构选择。

（3）家庭特征变量

家庭的特征变量包括家庭劳动力数量、家庭收入、家庭农业机械拥有量、资产拥有量。家庭劳动力数量直接关系到农户家庭是否有充足的劳动力投入到农作物的多样化经营，若劳动力资源短缺，则无法保证农作物的作业时间，导致产量与质量下降，最终使得农户决定减少农作物的种类以适应劳动力稀缺的现实状况，即形成单一化种植结构。家庭收入直接代表着家庭的资本积累水平，家庭农业机械拥有量代表家庭用于维持和扩大再生产的资本支持，资产拥有数量代表家庭整体的财富支撑，三者共同构成的家庭资产是农户考量增加或者减少农作物种类的重要资本因素。

（4）区域特征变量

区域的相关控制变量包括水利设施条件、区域位置、区域土壤质量和区域示范效应等。水利设施条件较好会有效促进农作物产出数量与质量的提升以及产出效率的提高，是农户在选择多样化结构安排时的主要考量标准；相反，若水利设施条件较差，农作物减产甚至绝产，农户极有可能改变种植结构，降低农作物种植种类，极端情况下甚至会选择让土地荒废。区域位置对于样本农户较为重要，因为若农户位于黑龙江省北部地区，其常年积温较低，仅能种植几种耐寒农作物种类，则影响到农作物种类、数量的增加。区域土壤若为黑土地，其肥力较为丰沃，产出量较高，同样的播种面积会形成更强的产出效率，农户有机会间种、套种更多的农作物种类数量。区域示范效应的衡量标准是农户周围存在国有大农场，预期其对农作物种类数量呈现负面影响效应。因为国有大农场一般响应国家的政策号召，集中种植某些粮食作物，同时因为其土地规模较大，集中种植某种作物更易形成产出的规模效应，所以预期国有大农场周边的农户家庭会效仿大农场的种植结构安排，从而减少农作物种类。

实证中需要用到的相关变量描述性统计分析结果如表 5.6 所示，同时列出了纯农户和非农就业农户的统计分析结果，以此更加清晰、直观得出非农就业对农作物种植结构的差异。

表 5.6　变量定义以及描述性统计

变量名称		变量定义	全部农户		纯农户		非农就业农户	
			均值	标准差	均值	标准差	均值	标准差
因变量	农户种植业结构	农户种植的农作物种类/种	4.63	2.16	5.36	2.31	2.56	1.03
自变量	核心变量	非农就业人数	5 年间平均的非农就业人数/人	1.01	1.23	0.00	0.00	1.94	1.04
		非农就业时间	每人非农就业的时间/月	9.74	6.53	0.00	0.00	10.56	8.95
		非农就业人员的受教育水平	每个非农就业人员接受教育的平均年限/年	10.81	9.47	9.45	8.52	12.83	10.72
	核心变量	家庭土地面积	农户 2010 年拥有的土地面积/亩	104.67	32.39	83.89	16.99	123.98	31.32
		户主年龄	户主年龄/岁	54.18	15.23	54.48	14.86	53.9	15.57
		户主受教育水平	户主受教育年限/年	9.06	2.71	9.72	2.21	8.44	2.98
		户主受培训水平	是否参加过生产技术培训(是=1,否=0)	0.80	0.40	0.89	0.31	0.71	0.45
		家庭劳动力数量	农户家庭 16~65 岁的劳动力数量/人	3.21	1.53	2.44	1.28	3.92	1.39
		家庭收入	农户家庭全年总收入/千元	21.44	34.39	19.83	30.03	28.55	35.10
		农业机械拥有量	农业机械拥有量/台	3.34	1.28	3.56	1.07	3.13	1.41
		家庭资产拥有量	房间数量/间	5.42	1.69	5.38	1.70	5.45	1.68
		水利基础设施状况	水利设施好=1,不好=0	0.73	0.45	0.77	0.42	0.69	0.46
		区域位置	位于北部=0,非北部=1	0.45	0.39	0.52	0.42	0.32	0.12
		区域土壤质量	黑土地=1,非黑土地=0	0.11	0.03	0.31	0.02	0.93	0.53
		区域示范效应	附近是否有国有大农场(是=1,否=0)	0.41	0.63	0.52	0.87	0.31	0.51

5.5.2 Ordered Logit 模型与 Ordered Probit 模型的构建

考虑到农作物种植结构安排以农作物种植的种类为衡量标准,并且农作物种类存在天然的排序,即从 0 种农作物,1 种农作物,…,n 种农作物的种类递增,属于排序数据(ordered data),可以采用排序模型来进行相关问题的研究。

设定 $y^* = x'\beta + \varepsilon$ 其中 y^* 是无法观测的,但它所属的区间是可以区分的,即选择的规则如下

$$y = \begin{cases} 0, y^* \leqslant r_0 \\ 1, r_0 < y^* \leqslant r_1 \\ 2, r_1 < y^* \leqslant r_2 \\ \vdots \\ J, r_{J-1} \leqslant y^* \end{cases} \tag{5.8}$$

式中,$r_0 < r_1 < r_2 < \cdots < r_{J-1}$ 是待估参数。

假设 $\varepsilon \sim N(0,1)$ 则会有

$$P(y = 0 \mid x) = P(y^* \leqslant r_0 \mid x)$$
$$= P(x'\beta + \varepsilon \leqslant r_0 \mid x) = P(\varepsilon \leqslant r_0 - x'\beta \mid x) = \Phi(r_0 - x'\beta)$$
$$P(y = 1 \mid x) = P(r_0 < y^* \leqslant r_1 \mid x)$$
$$= P(y^* \leqslant r_1 \mid x) - P(y^* < r_0 \mid x)$$
$$= P(x'\beta + \varepsilon \leqslant r_1 \mid x) - \Phi(r_0 - x'\beta)$$
$$= P(\varepsilon \leqslant r_1 - x'\beta \mid x) - \Phi(r_0 - x'\beta)$$
$$= \Phi(r_1 - x'\beta) - \Phi(r_0 - x'\beta)$$
$$P(y = 2 \mid x) = \Phi(r_2 - x'\beta) - \Phi(r_1 - x'\beta)$$
$$\vdots$$
$$P(y = J \mid x) = 1 - \Phi(r_{J-1} - x'\beta) \tag{5.9}$$

由此可以进一步得到样本似然函数,求得 MLE 估计量,即 Ordered Probit 模型,若假设扰动项服从逻辑分布,即会得到 Ordered Logit 模型。

具体来看,本书涉及的排序模型可设定为

$$N_i = \alpha_1 + \alpha_2 M_i + \alpha_3 x_i + \varepsilon_i \tag{5.10}$$

式中,N_i 表示第 i 个农户的农作物种植的种类数量,结合调研数据的实际情况,

具体用 0～7 种来衡量,从 0 种到 7 种,表示农作物种植的多样性,相反表示农作物种植趋向单一性;M_i 代表核心变量农户的非农就业,具体细分为农户非农就业人数、非农就业时间和非农就业人员的受教育水平;x_i 代表其余的控制变量,具体包括农户土地面积、户主特征变量(户主年龄、户主受教育水平、户主是否受过培训)、家庭特征变量(家庭劳动力数量、家庭收入、家庭农业机械拥有量、资产拥有量)、区域特征变量(水利设施条件、区域位置、区域土壤质量和区域示范效应);ε_i 表示随机扰动项;$\alpha_1 \sim \alpha_3$ 为截距项和相应变量的估计系数。

5.5.3　模型估计结果与相关分析

采用计量分析软件 STATA12.0 对模型进行实证分析,相应的估计结果展示在表 5.7 中。回归结果同时汇报了 Ordered Probit 和 Ordered Logit 模型的估计结果。

表 5.7　农户农作物种植结构的回归结果

变量		Ordered Probit	Ordered Logit
关键变量	非农就业人数	−0.0519***	−0.0513***
		(0.0393)	(0.0387)
	非农就业时间	−0.0184***	−0.0172***
		(0.0092)	(0.0087)
	非农就业人员的受教育水平	−0.0236	−0.0272
		(0.0113)	(0.0293)
控制变量	户主年龄	0.0843	0.0983
		(0.0511)	(0.0421)
	户主受教育年限	0.0856**	0.0925**
		(0.0870)	(0.0812)
	户主是否受过培训	0.0163*	0.0202*
		(0.0593)	(0.0409)
	家庭劳动力数量	0.0025**	0.0028**
		(0.0073)	(0.0087)

变量		Ordered Probit	Ordered Logit
控制变量	家庭收入	0.0429**	0.0417**
		(0.0066)	(0.0089)
	农户土地面积	0.0547***	0.0458***
		(0.0122)	(0.0180)
	农业机械拥有量	0.0558	0.0552
		(0.0076)	(0.0065)
	家庭资产拥有量	0.0498***	0.0542***
		(0.0066)	(0.0045)
	水利基础设施状况	0.0051	0.0113
		(0.0056)	(0.0132)
	区域土壤质量	0.0075	0.0096
		(0.0046)	(0.0069)
	区域位置	0.0645	0.0156
		(0.0023)	(0.0142)
	区域示范效应	0.0045	0.0042
		(0.0522)	(0.0791)
常数		0.9490***	0.8273
		(0.0153)	(0.0947)

注:***、**、*分别代表在1%、5%和10%的水平上显著,括号中为标准差。

从表 5.7 的回归结果中可以发现,基本上 Ordered Probit 和 Ordered Logit 模型的估计结果的作用方向一致,相关估计系数差异较小。需要注意的是,在这两个模型结果分析中,通常估计系数并没有太多实际意义,而是着重观察系数的符号以及显著性水平,从而判断相关变量的作用方向和影响程度。

关键变量非农就业对农户种植结构总体上呈现负向作用,即导致种植结构趋向单一化。非农就业人数、非农就业时间的增加使得农业作业劳动力数量、投入时间减少,为此农户重新进行作物种类的安排来适应新的要素组合,即减少农作物种类,以此降低对劳动力人数、劳动投工时间的依赖。非农就业人员的受教育水平对农作物的种类数量呈现负向作用,但是作用程度不显著。其可能的解释是非农就业人员并不一定是家庭农作物种植结构安排的决策者,因此其受教育水平对种植结构的解释力度有限;非农就业人员的受教育水平高意味着家庭留守人员的受教育水平相对较低,因为一般情况下家庭会优先转出高质素的劳动力从事非农工作,相应留守人员受教育水平较低,无法保障多种农作物种植的同步进行或者缺少某些作物的种植经验,因此只能降低农作物种植种类,使得种植结构趋向单一化。

在控制变量回归结果的户主的特征变量中,户主的受教育水平和受培训水平会正向促进农户的农作物种类增加,即向农作物种植多样化趋势发展。这两类变量代表户主的人力资本质量,其水平越高,代表着农户家庭更有能力掌握较多的农作物种植经验、技术等,也代表着农户家庭会更加合理地安排多样性种植结构以此降低潜在的自然风险、社会风险与市场风险等。

家庭的特征变量中,家庭的劳动力数量、家庭收入、土地面积、家庭资产拥有量均显著地正向引导农作物种类的增加,即向种植多样化结构发展。家庭劳动力数量充足保障了农作物种植的劳动力投入数量,使得农户可以发展多样化种植结构,增加家庭收入来源。家庭收入的增加使得农户有更加充足的资本积累,可以进行扩大再生产的投资,增加种植种类,拓宽家庭收入渠道。农户家庭土地面积作为基本的要素投入,是农作物扩大种植种类最为基础的条件保障,若土地资源稀缺,仅能维持现有农作物种植面积,则较难增加新的种植种类。农户家庭资产拥有数量代表着家庭的资本财富水平,若家庭资本较为充足,则农户有条件进一步购买新的作物品种,形成新的种植结构安排。

区域特征变量总体上都正面引导种植结构向着多样化的结构发展,但是作用程度均不显著,可能的解释是农户种植结构主要是家庭根据自身条件约束形成的生产结构安排,区域要素只起到一定程度的引导作用,其效应不是决定性的。

综上,结合 Ordered Probit 和 Ordered Logit 模型,本节探讨了非农就业对农户农作物整体种植结构的影响。在研究中,将农作物种类逐步增多定义为多样化的种植结构趋势,将农作物种类逐步降低定义为单一化的种植结构趋势。研究结论表明,非农就业降低了农作物种植的种类数量,使得种植结构向单一化的趋势发展。

5.6　本章小结

首先,本章从粮食内部种植结构展开分析,结合似不相关回归方法,探讨农户的非农就业对粮食种植面积的影响,在具体的研究过程中区分了非农就业的地点异质性,并且引入了非农就业和耕地面积的交互项进一步探讨其对粮食种植面积的作用方向和程度。研究结论表明,对粮食内部种植结构来说,农户的本地非农就业和异地非农就业均加大了玉米的种植面积,且异地非农就业的增长对玉米种植面积的增加具有更强的影响力;结合农户的耕地规模来看,对耕地规模较大的农户来讲,异地非农就业促使农户的粮食作物种植面积上升。

其次,本章从粮食外部种植结构展开分析,采用似不相关双变量 Probit 模型探讨农户的非农就业对粮食和经济作物种植面积的影响。研究表明,对粮食外部种植结构来说,农户的非农就业促使家庭加大粮食作物的耕种面积,减少或者维持经济作物的种植面积。

最后,本章将研究的视角拓宽到农作物整体的种植结构,结合 Ordered Probit 和 Ordered Logit 模型研究农户的非农就业对农作物种植种类的影响。在研究中将农作物种植种类逐步增加定义为多样化的种植结构趋势,将农作物种植种类逐步减少定义为单一化的种植结构趋势。研究表明,对整体农作物种植结构来讲,非农就业促使种植结构向单一化的趋势发展。

06/
非农就业对农户收入的影响

6.1 引 言

第4、第5章探讨了非农就业对农业生产的产量、播种面积、技术效率以及种植结构的影响,主要集中于生产层面的探讨,本章在此基础上将研究视角延伸至农户家庭层面,着重关注非农就业对农户收入的影响。因为收入直接关系到农户的家庭生存状况,也是农户进行非农就业的直接动因。除此之外,由非农就业引发的收入差距问题也是探讨农户脱贫增收的重要内容(Howell, 2017)。Wang 等(2014)将非农就业比喻为我国农村收入增长和减贫的发动机。从农户收入构成来看,家庭总收入包括经营收入、工资性收入、转移性收入和财产性收入等。本章着重关注非农就业对经营收入中种植业收入的影响并细化到对粮食作物和经济作物收入的影响,然后探究非农就业对农户总收入的影响。

伴随着城镇化进程对农村劳动力吸引力的提升,农户的人力资源呈现农业活动与非农活动的双重配置,农户在从事以往的农业生产活动之外,有选择性地从事非农活动获取工资性收入,丰富家庭获得收入的渠道(吴伟伟,刘耀彬,2017);同时,受城镇文化与思想观念的冲击,个人、家庭甚至村庄层面的质素、思想观念等发生了巨大变化。由此,非农就业农户对传统农业经营方式、重视程度等产生变化,有理由预期这些变化会影响到农业经营收入。除此之外,非农就业改变了家庭要素禀赋的配置,而不同作物的种植需要的劳动要素、密集程度存在差异,预期农户会根据新的要素持有量进行相应的要素替代安排,从而影响生产结构,进而影响不同作物相应的收入。

6.2 理论机制

新劳动力迁移经济学理论认为劳动力做出的非农就业决策不是来自个体而是来自整个家庭,通过劳动力的非农就业来克服市场缺失或者低效率带来的信贷、保险约束而进行的融资或者风险分散行为,由此得到的汇款收入则是实现这种自我融创及保险的主要手段(Stark,Bloom,1985;王子成,2012)。但是,非农就业也存在潜在的负面影响,由此导致输出地家庭劳动资源和资本资源流失(包括人力资本流失),这种流失可能会对农户的农业生产产生不利影响(Wouterse,Taylor,2008)。除此之外,有些非农就业农户没有将得到的汇款投入农业生产当中(Castelhano,Lawell,Sumner et al.,2016),而是主要用于房屋建造、消费休闲和子女教育当中。即便非农就业农户进行了更多的生产性投资,但汇款的流入依然会导致农户出现"道德风险",如"偷懒"行为(Azam,Gubert,2005),从而最终造成农业经营收入的下降。从相反的研究视角来看,众多研究表明,农户会将非农就业取得的收入积极投入农业生产当中,利用购买的物质资本要素弥补劳动力要素在农业作业中的缺失,其形成的要素替代效应正面作用于农业经营收入(Taylor,Rozelle,De Brauw,2003),由此形成非农就业对农户收入的积极影响(Owusu,Abdulai,Abdul-Rahman,2011)。

从理论上来看,研究非农就业对农户收入的影响,有必要延续汇款流入的积极效应和劳动力流失的消极效应两个维度产生的作用效果展开分析,区分非农就业农户和纯农户在资金和劳动力安排上的不同构成,由此探究对农户收入产生的不同影响效果。

6.3 非农就业对农户农业经营收入的影响

6.3.1 内生转换回归模型的构建

在实证模型中,笔者借鉴 Taylor 和 López-Feldman(2010)在研究墨西哥劳动力迁移对农户收入作用机制时采取的研究方法,采用内生转换回归模型来估计非农就业对农户农业经营收入的影响。

假设非农就业农户和纯农户的农业经营收入方程分别为

$$Y_1 = \mu_1(X_1) + U_1 \tag{6.1}$$

$$Y_0 = \mu_0(X_0) + U_0 \tag{6.2}$$

式中,下标 0 表示纯农户,1 表示非农就业农户;Y_0 表示控制组,即纯农户的农业经营收入,Y_1 表示处理组,即非农就业农户的农业经营收入;X_1 和 X_0 表示影响农户农业经营收入的可观测因素,包括受教育水平、年龄、性别、受培训水平等,

且 X_1 与 X_0 可以是不同的因素;U_1 和 U_0 均代表误差项。

当 $X_1 = x_1$ 和 $X_0 = x_0$ 时,$\mu_1(X)_1 = E(Y_1 \mid X_1 = x_1)$,$\mu_0(X_0) = E(Y_0 \mid X_0 = x_0)$,分别为非农就业农户和纯农户的期望收入。由此非农就业带来的农业经营收入的回报具体被表示为

$$\Delta = Y_1 - Y_0 = \mu_1(X) - \mu_0(X) + U_1 - U_0 \qquad (6.3)$$

农户的非农就业属于选择性行为(王子成,赵忠,2013),将其记为 S,而农户是否进行非农就业本质上是对收益与成本进行对比并做出决策的过程。将农业经营收入的可观测影响因素记为 Z,不可观测的异质性因素记为 V,且可观测收益 μ_s 为 Z 的函数。由此农户是否进行非农就业取决于可观测收益 μ_s 和不可观测异质性因素 V 两者的比较。若非农就业取得的农业经营净收益非负,则农户选择进行非农就业,即

$$S = 1, \mu_s(Z) - V \geqslant 0; \qquad (6.4)$$

否则,农户不选择非农就业,即

$$S = 0, \mu_s(Z) - V < 0。 \qquad (6.5)$$

基于式(6.1)至式(6.5),U_0、U_1 和 V 三者之间的协方差矩阵为

$$\begin{bmatrix} \sigma^2 V & \sigma U_1 V & \sigma U_0 V \\ \sigma V U_1 & \sigma^2 U_1 & \bullet \\ \sigma V U_0 & \bullet & \sigma^2 U_0 \end{bmatrix} \qquad (6.6)$$

由此可以发现,V 与 U_0、U_1 之间并不相互独立。理性农户在决定是否进行非农就业决策时,必定会思考非农就业与否产生的农业经营收入差异;相反,农业经营收入差异对农户是否进行非农就业决策必定会产生影响。因此,如果采用最小二乘法进行回归估计,其会产生内生性问题,导致有偏的估计结果。于是,定义农户非农就业决策潜变量为 S^*

$$S^* = \delta(Y_1 - Y_0) + \mu_s(Z) - V \qquad (6.7)$$

当 $S^* \geqslant 0$ 时,$S = 1$;否则 $S = 0$。对式(6.1)、式(6.2)和式(6.7)的估计是在考虑个体异质性前提条件下,修正不可观测因素与选择性偏误,再来考察两类农户的实际农业经营收入方程以及进行非农就业为农户家庭带来的实际农业经营收益。

令农户可观测因素条件为 $Z = z$,当该农户从条件 $Z = z$ 转变为 $Z = z'$,并

且接受处理时，即采纳非农就业时，就将这一个变化所带来的预期收益增量定义为局部平均处理效应（local average treatment effect，LATE），即有

$$LATE(S_z = 0, S_z' = 1, X = x) = E(\Delta \mid S_z = 0, S_z' = 1, X = x)$$
$$= \mu_1(X) - \mu_0(X) + E(U_1 - U_0 \mid \mu_s(z) \leqslant V \leqslant \mu_s(z'), X = x)$$
$$= \mu_1(X) - \mu_0(X) + E(U_1 - U_0 \mid \mu_s(z) \leqslant V \leqslant \mu_s(z')) \tag{6.8}$$

进一步，非农就业的边际处理效应（marginal treatment effect，MTE）可以定义为

$$MTE = \lim_{z \to z'} LATE(S_z = 0, S_z = 1, X = x)$$
$$= \mu_1(X) - \mu_0(X) + \lim_{z \to z'} E(U_1 - U_0 \mid \mu_s(z) \leqslant V \leqslant \mu_s(z'), X = x)$$
$$= \mu_1(X) - \mu_0(X) + E(U_1 - U_0 \mid \mu_s(z) = V)$$
$$= MTE(x, z') \tag{6.9}$$

若定义服从均匀分布，不同的 V 对应不同的分位数，则有

$$MTE(x, u_s) \equiv E(\Delta \mid X = x, U_s = u_s) \tag{6.10}$$

此时，农户是否进行非农就业是无差异的，MTE 是具有条件 $X = x, U_s = u_s$ 的农户的平均收益。之后正则化 V 的方差为 1，同时对 (U_0, U_1, V) 与之做联合正态分布假设，补充定义 $\mu_1(X) = X\beta_1, \mu_0(X) = X\beta_0$，且 $\mu_s(X) = \gamma Z$，则实际估计的边际回报 MTE 为

$$MET(x, u_s) = \mu_1(X) - \mu_0(X) + E(U_1 - U_0 \mid V = \Phi^{-1}(u_s))$$
$$= X(\beta_1 - \beta_0) - (\sigma_1 v - \sigma_0 v)\Phi^{-1}(u_s) \tag{6.11}$$

式中，$\sigma_1 v = Cov(U_1, V)$；$\sigma_0 v = Cov(U_0, V)$；$\Phi(\cdot)$ 为标准正态分布的累积分布函数。针对 $(\sigma_1 v, \sigma_0 v, \beta_1, \beta_0)$ 的估计，采用极大似然估计方法估计式（6.1）、式（6.2）和式（6.7），将其代入式（6.11）之中，求解边际回报 MTE，则其似然函数为

$$\ln L = \sum_i \left\{ S_i \left[\ln F(\eta_{1i}) + \ln f\left(\frac{U_{1i}}{\sigma U_1}\right)/\sigma U_1 \right] + \right.$$
$$\left. (1 - S_i) \left[\ln(1 - F(\eta_{2i})) + \ln f\left(\frac{U_{0i}}{\sigma U_0}\right)/\sigma U_0 \right] \right\}$$

其中

$$\eta_{ji} = \frac{\gamma Z_i + \rho_j U_{ji}/\sigma_j}{\sqrt{1-\rho_j^2}}, \rho_j = \frac{\sigma_j^2 v}{\sigma_v \sigma_j}, j = U_1, U_2 \qquad (6.12)$$

在实际估计结果中,如果 ρ_1 或 ρ_2 显著,说明非农就业的选择并不是随机的,采用内生转换回归模型是合理的。

6.3.2 数据选择与变量说明

本节探讨非农就业对农户农业经营收入的影响,主要关注种植业的收入。从以往研究来看,影响农户农业经营收入的因素包括户主年龄、户主受教育水平、受培训水平。因为户主的人力资本水平直接影响到家庭农业生产的相关决策安排,且人力资本的积累可以促进农民增收已经成为学界的共识(骆永民,樊丽明,2014;陈传波,阎竣,2015),其中,受教育水平和受培训水平对收入水平起到重要作用(Wang,Cai,Zhang et al.,2010)。

除此之外,需要加入一些家庭、区位特征变量,包括家庭耕地面积、农业机械拥有量、水利设施状况、家庭资产拥有量、区域位置、区域土壤质量、区域示范效应。

家庭耕地面积直接代表可以用于生产的要素投入,且采用 2010 年的土地面积避免估计误差。农业机械拥有量作为技术要素的代理变量代表着资本对劳动力的替代程度。水利设施状况直接影响农业生产经营的便利程度,从而影响到农业经营收入。Fan 和 Zhang(2004),刘生龙和周绍杰(2011),骆永民和樊丽明(2012)的相关研究都表明基础设施是影响农村农户收入的重要变量。家庭资产拥有量代表着可以用于生产性投资的物质基础。区域位置以是否在北部作为划分标准,因为北部地区常年积温较低,种植的粮食作物种类有限,因此一定程度上会影响到家庭农业经营收入的来源。笔者将大兴安岭、黑河、伊春北部与齐齐哈尔北部定义为北部,其余行政市定义为南部。区域土壤质量以是否是黑土地进行衡量,因为通常黑土地的土壤肥力较高,使得农户产出水平较高,从而取得较高收入。区域示范效应以附近是否有国有大农场进行衡量,因为普通农户会参考大农场的种植选择、结构安排等,由此形成自己的粮食种植安排并且取得经营收入。

上述变量的描述性统计见表 6.1。

表 6.1　变量定义以及描述性统计

变量名称	变量定义	全部农户		纯农户（控制组）		非农就业农户（处理组）	
		均值	标准差	均值	标准差	均值	标准差
农户种植业收入	种植业收入的自然对数	8.72	0.45	8.56	0.34	8.98	0.23
户主年龄	户主年龄/岁	54.18	15.23	54.48	14.86	53.9	15.57
户主受教育水平	户主受教育年限/年	9.06	2.71	9.72	2.21	8.44	2.98
户主受培训水平	是否受过生产技术培训（是＝1,否＝0）	0.80	0.40	0.89	0.31	0.71	0.45
家庭土地面积	农户家庭 2010 年的土地面积/亩	104.67	32.39	83.89	16.99	123.98	31.32
农业机械拥有量	农业机械拥有量/台	3.34	1.28	3.56	1.07	3.13	1.41
水利基础设施状况	水利设施是否好（是＝1,否＝0）	0.73	0.45	0.77	0.42	0.69	0.46
家庭资产拥有量	房间数量/间	5.42	1.69	5.38	1.7	5.45	1.68
区域位置	位于北部＝0,非北部＝1	0.45	0.39	0.52	0.42	0.32	0.12
区域土壤质量	黑土地＝1,非黑土地＝0	0.11	0.03	0.31	0.02	0.93	0.53
区域示范效应	附近是否有国有大农场（是＝1,否＝0）	0.41	0.63	0.52	0.87	0.31	0.51
迁移社会网络	5 年前亲戚从事非农就业的人数/人	3.52	2.14	1.23	1.19	5.61	0.34

　　在识别农户家庭是否有非农就业活动时,需要纳入一个工具变量来控制处理组选择的内生性问题。有效的工具变量与农户非农就业选择相关,但是同时与农户农业经营收入无关。参考已有成熟文献的研究思路,结合研究实际,将迁移社会网络作为工具变量解决内生性问题,在实际处理中采用 5 年前亲戚从事非农就业的人数作为代理变量。采用亲戚中从事非农就业人数作为代理变量主要考虑到农户家庭决策往往受到亲戚相关决策行为的影响,亲戚中从事非农就业人数越多,农户家庭越有可能进行非农就业活动。之前参与过非农就业

活动的亲戚有助于将非农就业相关信息传递到农户家庭。同时,考虑到同期亲戚非农就业人数与同期农户生产相关行为存在潜在关联,在实证中采用 5 年前亲戚从事非农就业人员数量作为工具变量,以期最大化减弱内生性产生的相关影响。

6.3.3 实证估计结果

在实证中采用 STATA12.0 软件对非农就业对农户农业种植业收入的影响的回归模型进行估计分析,结果见表 6.2。

表 6.2 非农就业对农户种植业收入影响的估计结果

变量	处理组	控制组	非农就业
	非农就业农户	纯农户	选择方程
户主年龄	−0.0032	−0.0015	0.0004
	(0.0012)	(0.0008)	(0.0005)
户主受教育水平	0.0208**	0.0143*	0.0005*
	(0.0089)	(0.0043)	(0.0005)
户主受培训水平	−0.0009	0.0014*	0.0008
	(0.0008)	(0.0009)	(0.0003)
家庭土地面积	0.0839***	0.0751**	0.0018
	(0.0051)	(0.0021)	(0.0001)
农业机械拥有量	0.0371***	0.0124***	0.0007**
	(0.0027)	(0.0012)	(0.0003)
水利基础设施状况	0.0038*	0.0105*	0.0006
	(0.0012)	(0.0097)	(0.0003)
家庭资产拥有量	0.0374**	0.0259*	0.0006
	(0.0018)	(0.0013)	(0.0009)
区域位置	0.0032	0.002	0.001
	(0.0016)	(0.0006)	(0.0007)

变量	处理组	控制组	非农就业
	非农就业农户	纯农户	选择方程
区域土壤质量	0.0033*	0.0019*	0.0007
	(0.0016)	(0.0014)	(0.0008)
区域示范效应	0.0009*	0.0008	0.0004
	(0.0002)	(0.001)	(0.0006)
迁移社会网络			0.001***
			(0.0001)
估计似然值	$\text{II}=-3450.47$		
卡方统计量	$\chi^2(2)=358.91, p\ 值=0.0000$		
LR 检验	$\chi^2(2)=459.72, p\ 值=0.0000$		
ρ_1	$-0.9873**$		
ρ_2	$-0.2391**$		

注:***、**、* 分别代表在 1%、5% 和 10% 的水平上显著,括号中为标准差。

从表 6.2 中可以发现,在非农就业选择中,迁移社会网络即亲戚 5 年前非农就业人数与农户非农就业人数正向相关,有力证实了此工具变量的有效性。χ_1 和 χ_2 均显著为负,证实处理组和控制组并不是一个随机选择过程,且 LR 检验结果拒绝方程独立估计假设,进一步证实采用传统最小二乘法估计结果是有偏的,而采用内生转换回归模型结果是较为可信的。

从家庭土地面积来看,当其他条件不变时,处理组非农就业农户每增加 1 亩土地面积,其种植业收入增加 8.39%,控制组纯农户每增加 1 亩土地面积,其种植业收入增加 7.51%,表明非农就业农户土地的边际回报要高于纯农户土地的边际回报。从户主受教育水平来看,当其他条件不变时,处理组非农就业农户户主受教育年限每增加 1 年,其种植业收入增加 2.08%,控制组纯农户户主受教育年限每增加 1 年,其种植业收入增加 1.43%,同样表明非农就业农户户主的受教育水平的边际回报要高于纯农户户主的教育边际回报。同理,农业机械拥有量、家庭资产拥有量、区域土壤质量的回归结果均表明,当其他条件不变时,处理组非农就业农户相应的边际回报均要高于控制组纯农户相应的边际回报。

6.3.4 处理效应的估计

在进一步的分析中,可以基于内生转换回归模型的处理效应进行估计。表6.3展示了样本平均处理效应(average treatment effect,ATE)、处理组的平均处理效应(average treatment effect of treated,ATT)和非处理组的平均处理效应(average treatment effect of untreated,ATU)的估计结果。

表 6.3 农户非农就业对种植业收入影响的不同处理效应

ATE	ATT	ATU
0.0673***	0.0894***	0.0543**
(0.0013)	(0.0036)	(0.0059)

注:***,**分别代表1%和5%的显著性水平,括号中为标准差。

就样本总体分析来看,若参加非农就业,能够相对增加6.73%的种植业收入;若处理组的农户个体放弃非农就业,则平均会减少8.94%的种植业收入;若非处理组的农户个体从事非农就业,则会平均增加5.43%的种植业收入。这进一步证实了异质性边际回报假设的重要性。

6.4 非农就业对农户粮食、经济作物收入的影响

6.4.1 变量定义及描述性统计

为了进一步观察非农就业对农户种植业收入的影响,将农户种植业收入细化为粮食作物收入和经济作物收入,分别估计非农就业对两者的影响程度。具体在实证模型中采用粮食作物和经济作物收入的对数作为分析的数据。

同时还包括一些控制变量,如户主的特征变量,具体包括户主年龄、户主受教育水平、户主受培训水平。户主的人力资本状况影响了农户家庭整体的非农就业选择以及农业经营等生产性行为的总体安排,对粮食、经济作物收入起到重要作用。

此外,还涉及户主家庭、农户所在区域的特征变量,包括家庭土地面积、家

庭农业机械拥有量、水利基础设施状况、家庭资产拥有量、区域位置、区域土壤质量、区域示范效应。家庭土地面积直接影响到粮食作物、经济作物的种植规模,因此采用 2010 年的数据避免同期相关的估计误差;机械拥有量衡量家庭生产资料的丰盈程度;水利基础设施影响农作物生长态势直接关系到作物收成;资产拥有量代表可供再生产的物质投入。区域位置以是否在黑龙江省北部进行划分,因此从自然条件来讲,黑龙江省北部地区大部分面积处于第五、六积温带,常年积温在 2100℃ 以下,这在一定程度上影响到农户种植作物的类型选择,具体将大兴安岭、黑河、伊春北部与齐齐哈尔北部定义为北部,其余行政市定义为南部。区域土壤质量以是否是黑土地进行划分,因为样本农户位于黑龙江地区,全省黑土地面积为 2.39 亿亩,占比达到东北黑土地耕地面积一半以上,而黑土富含有机质,土壤肥力较高,从而使得作物产出较高,影响农户种植收入。区域示范效应以附近是否有国有大农场进行衡量,因为普通农户会参考大农场的种植结构进行作物安排,从而影响收入。

除此之外,加入迁移社会网络作为实证模型中的工具变量,具体采用 5 年前亲戚中从事非农就业的人数来衡量。因为农户家庭进行非农就业选择往往受到亲戚的示范带动,且亲戚中从事非农就业的人数对农户农作物收入的取得没有直接影响。

总体来说,以上变量在实证中验证了人力资本、物质资本与社会资本等微观基础对农户收入的影响(Kuznets,1955;Blinder,1973;Lucas,1989;Oaxaca,Ransom,1994;Park,1996;Levy,Murnane,2003;Zhang,Giles,Rozelle,2012;程名望,史清华,等,2014)。

表 6.4 给出了实证相关变量的定义以及描述性统计。

表 6.4　变量定义以及描述性统计

变量	变量定义	全部农户		纯农户 (控制组)		非农就业农户 (处理组)	
		均值	标准差	均值	标准差	均值	标准差
农户粮食作物收入	粮食作物收入的自然对数	8.75	0.47	8.43	0.67	8.96	0.19
农户经济作物收入	经济作物收入的自然对数	7.35	0.34	7.55	0.52	6.53	0.61

变量	变量定义	全部农户		纯农户 （控制组）		非农就业农户 （处理组）	
		均值	标准差	均值	标准差	均值	标准差
户主年龄	户主年龄/岁	54.18	15.23	54.48	14.86	53.9	15.57
户主受教育水平	户主受教育年限/年	9.06	2.71	9.72	2.21	8.44	2.98
户主受培训水平	是否受过生产技术培训 （是＝1,否＝0）	0.80	0.40	0.89	0.31	0.71	0.45
家庭土地面积	农户家庭 2010 年的土地 面积/亩	104.67	32.39	83.89	16.99	123.98	31.32
农业机械拥有量	农业机械拥有量/台	3.34	1.28	3.56	1.07	3.13	1.41
水利基础设施状况	水利设施是否好（是＝1, 否＝0）	0.73	0.45	0.77	0.42	0.69	0.46
家庭资产拥有量	房间数量/间	5.42	1.69	5.38	1.7	5.45	1.68
区域位置	位于北部＝0,非北部＝1	0.45	0.39	0.52	0.42	0.32	0.12
区域土壤质量	黑土地＝1,非黑土地＝0	0.11	0.03	0.31	0.02	0.93	0.53
区域示范效应	附近是否有国有大农场 （是＝1,否＝0）	0.41	0.63	0.52	0.87	0.31	0.51
迁移社会网络	5 年前亲戚从事非农就业 的人数/人	3.52	2.14	1.23	1.19	5.61	0.34

6.4.2　内生转换回归模型的估计结果

与小节 6.3 相类似,本部分同样采用内生转换回归模型进行实证分析。依据农户是否参与非农就业将其分为处理组（非农就业农户）和控制组（纯农户）。分别以粮食作物收入和经济作物收入作为因变量构建回归模型。

相关的估计结果见表 6.5。

在两者的非农就业选择中,迁移社会网络即亲戚 5 年前非农就业人数与农户非农就业人数正向相关,有力证实了此工具变量的有效性。ρ_1 和 ρ_2 均显著为负,证实处理组和控制组并不是一个随机选择过程,且 LR 检验结果拒绝方程独立估计假设,进一步证实采用传统最小二乘法估计结果是有偏的,而采用内生转换回归模型结果是较为可信的。

从表6.5中可以看出,对于农户粮食作物收入,家庭土地面积每增加1亩,非农就业农户相应提高7.36%,纯农户提高5.72%,与上面相一致,参与非农就业农户的土地边际产出更高。与此相类似,户主的教育年限每增加一年,非农就业农户粮食作物收入提高4.18%,纯农户提高3.28%;家庭机械拥有量每增加一台,非农就业农户粮食作物收入提高5.49%,纯农户提高3.96%。除此之外,就水利基础设施状况、家庭资产拥有量、区域土壤质量等的边际产出相比较,非农就业农户均要高于纯农户。

表6.5 非农就业对农户粮食作物和经济作物收入影响的估计结果

变量	粮食作物收入			经济作物收入		
	处理组	控制组	非农就业	处理组	控制组	非农就业
	非农就业农户	纯农户	选择方程	非农就业农户	纯农户	选择方程
户主年龄	−0.0014	−0.0039	0.0004	−0.0018	−0.0036	0.0002
	(0.0036)	(0.0025)	(0.0003)	(0.0041)	(0.0027)	(0.0004)
户主受教育水平	0.0418**	0.0328*	0.0005*	0.0057	0.0063*	0.0003*
	(0.0032)	(0.0109)	(0.0004)	(0.0135)	(0.0024)	(0.0000)
户主受培训水平	−0.0012	0.0001	0.0014	−0.0011	0.0019	0.0011
	(0.0014)	(0.0007)	(0.0002)	(0.0015)	(0.0011)	(0.0003)
家庭土地面积	0.0736***	0.0572**	0.0026	0.0641***	0.0852**	0.0019
	(0.003)	(0.0045)	(0.0005)	(0.0039)	(0.0017)	(0.0004)
农业机械拥有量	0.0549***	0.0396***	0.0005**	0.0248***	0.0292***	0.0008**
	(0.0018)	(0.0004)	(0.0005)	(0.0032)	(0.0051)	(0.0002)
水利基础设施状况	0.0259*	0.0119*	0.0011	0.0015*	0.0113*	0.0015
	(0.0007)	(0.0052)	(0.0005)	(0.0035)	(0.0072)	(0.0002)
家庭资产拥有量	0.0594**	0.0499*	0.0022	0.0333**	0.0449*	0.0025
	(0.0029)	(0.0031)	(0.0015)	(0.0007)	(0.0047)	(0.0009)
区域位置	0.0038	0.0029	0.0001	0.0031	0.0020	0.0002
	(0.0017)	(0.0005)	(0.0005)	(0.0039)	(0.0022)	(0.0002)

变量	粮食作物收入			经济作物收入		
	处理组	控制组	非农就业	处理组	控制组	非农就业
	非农就业农户	纯农户	选择方程	非农就业农户	纯农户	选择方程
区域土壤质量	0.0048*	0.0029*	0.0018	0.0038*	0.0049*	0.0011
	(0.0009)	(0.0015)	(0.0006)	(0.0039)	(0.0022)	(0.0004)
区域示范效应	0.0004*	0.0007	0.0011	0.0011	0.0003	0.0017
	(0.0015)	(0.0032)	(0.0007)	(0.0062)	(0.0044)	(0.0009)
迁移社会网络			0.001***			0.003***
			(0.0001)			(0.0001)
估计似然值	ll = −3448.36			ll = −3439.49		
卡方统计量	$\chi^2(2) = 356.71$, p 值 $= 0.0000$			$\chi^2(2) = 355.61$, p 值 $= 0.0000$		
LR 检验	$\chi^2(2) = 448.52$, p 值 $= 0.0000$			$\chi^2(2) = 446.16$, p 值 $= 0.0000$		
ρ_1	−0.9007**			−0.7324**		
ρ_2	−0.9159**			−0.7652**		

注:***、**、*分别代表在1%、5%和10%的水平上显著,括号中为标准差。

而对农户经济作物收入来讲,家庭土地面积每增加1亩,非农就业农户相应提高6.41%,纯农户提高8.52%,与粮食作物收入估计结果相反,参与非农就业农户的土地边际产出较低。非农就业对经济作物收入的贡献程度较弱其可能存在的原因即是非农就业形成的劳动力流失效应,而经济作物需要高密度的劳动力投入。一旦农户家庭从事非农活动,则短期内很难弥补劳动力缺失,因此会选择降低经济作物的种植安排(与第5章研究结论相一致),由此导致经济作物收入下降。

6.4.3 Heckman 两阶段模型的进一步分析

为进一步验证表6.5内生转换回归模型对两类收入估计结果的可靠性,此小节拟采用 Heckman 两阶段模型做进一步分析,将相关估计结果进行比较,得到较为可信的估计结果。并非所有农户都参与了粮食作物或者经济作物的种植行为,同时可能存在某些农户的观测值为零。因此首先需要估计农户非农就业对两种种植行为参与决策的影响,进而分析其对相应收入的作用效果。

具体来说,构建一个简单的农户模型,方程的因变量为农户从事某种作物种植行为收入的对数,自变量为影响此项收入的相关因素。

$$Y_k = \alpha_0 k + \alpha_{1k} M + \alpha_{2k} X_k + \varepsilon_k \qquad (6.13)$$

式中,Y_k 为农户从事某种作物种植行为取得的收入的对数;M 为农户非农就业人数;X_k 为其他影响种植行为 k 的收益的变量。

在实际种植当中,只有当农户从种植行为 k 中获得的收入大于或者等于预期收益 r_k^* 时,农户才会参与此项种植行为,即

$$Y_k - r_k^* \geqslant 0 \qquad (6.14)$$

结合式(6.13)与式(6.14),即可以得到

$$\alpha_0 k + \alpha_{1k} M + \alpha_{2k} X_k - r_k^* \geqslant - \varepsilon_k \qquad (6.15)$$

假设预期收益 r_k^* 可以表示为影响农户从事某种作物种植行为收入的变量的线性函数,式(6.15)本质上是一个 Probit 模型。各个变量的回归系数相应表示为农户参与某种作物种植行为 k 的概率的影响。之后,将上述 Probit 模型回归结果用于纠正样本选择性偏差,通过计算逆米尔斯比率,将其放入收入方程中作为一个自变量,以此纠正各个变量对每种种植行为收益的影响时的样本选择性偏差。

在具体操作中继续采用 STATA12.0 软件进行 Heckman 两阶段模型的估计分析,得到的最终结果见表 6.6。

表 6.6 农户各种收入影响因素的回归结果

变量	粮食作物收入	经济作物收入
非农就业人数	0.0749***	−0.0238**
	(0.0341)	(0.0207)
汇款	0.0653**	−0.0054
	(0.0211)	(0.0019)
家庭土地面积	0.2749***	0.1973**
	(0.0592)	(0.0837)

变量	粮食作物收入	经济作物收入
户主受教育水平	0.0117**	0.0053
	(0.0134)	(0.0003)
户主年龄	−1.0093	−2.0092
	(0.9173)	(0.8900)
户主受培训水平	−2.329	−2.3014*
	(0.0126)	(0.0284)
农业机械拥有量	0.0693***	0.0593***
	(0.0139)	(0.0399)
水利基础设施状况	1.0598*	1.0672*
	(0.0095)	(0.0174)
家庭资产拥有量	0.0852**	0.0763*
	(0.0478)	(0.0300)
区域位置	0.0006	0.0001
	(0.0003)	(0.0004)
区域土壤质量	0.0145*	0.0038*
	(0.0190)	(0.0152)
区域示范效应	0.0045*	0.0039
	(0.0034)	(0.0029)
逆米尔斯比率	0.7694	0.8764**
	(0.0053)	(0.0093)
常数项	3.8745	2.7593
	(2.1853)	(1.0163)

注:***、**、*分别代表在1%、5%和10%的水平上显著,括号中为标准差。

表6.6中经济作物收入的逆米尔斯比率正向显著,有力地证实了其存在较为明显的样本选择性偏差。从回归结果中可以直接观察到,非农就业人数的增长显著正向增加了粮食作物的收入,降低了经济作物的收入,与小节6.4.2中的估计结果一致。另外从模型结构上看,Heckman两阶段模型和内生转换回

归模型两者的作用机制不同,因此无须进行估计系数的具体比较。总之,从实证模型中可以得出结论:非农就业提高了农户粮食作物种植收入,降低了经济作物的种植收入。

6.5 非农就业对农户总收入的影响

6.3 和 6.4 小节探讨了非农就业对农户农业经营收入的影响,并进一步细化到对农户粮食种植收入和经济作物种植收入的影响。本节在此基础之上将研究对象拓展到对农户总收入的影响,从更加广阔的范围研究非农就业对农户收入的影响程度与作用机制。

6.5.1 变量设置与描述性统计分析

6.5.1.1 农户总收入的变量选择

研究非农就业对农户总收入的影响,首先需要考虑关于农户总收入的变量选择。本书选择农户家庭在 2014—2015 年的家庭纯收入(单位:元)作为因变量,并且在实证中采用其自然对数纳入研究公式。主要是考虑到纯收入剔除了家庭的消费支出,是一个家庭真正可支配使用的资产,可以较为准确地反映家庭的总收入状况。

6.5.1.2 非农就业的变量选择

要研究非农就业对农户总收入的影响,则选择非农就业的代理变量依然延续前面章节的处理方式,首先,以农户家庭近 5 年平均的非农就业人数作为自变量,纳入实证方程的分析当中。一则可以平滑掉家庭非农就业人数不稳定带来的估计误差,二则可以最大限度地减弱非农就业和总收入同期相关产生的估计误差。

其次,加入农户家庭非农就业时间作为非农就业的第二个细分变量,采用家庭成员非农就业的平均时间(单位:月/人)作为具体的估计数据。非农就业时间越长,表明农户的非农就业程度越深,对其更加重视。

最后,核心变量非农就业还需要加入非农就业人员的受教育水平。因为劳动力资源本身存在人力资本的差异,其从事非农就业形成的劳动力工作时间重新配置,势必会影响家庭总收入的变化。同时,伴随着我国整体大环境下农村经济持续向好发展,农户整体人力资本水平不断增长,收入水平亦保持了较快的增速(Morduch，Sicular，2000；高梦滔，姚洋，2006)，人力资本积累对农户收入增长有显著的作用(程名望，盖庆恩，Jin，等，2016)。在具体的实证方程中纳入的是非农就业人员的平均受教育年限(单位：年/人)。

6.5.1.3 其他控制变量的选择

除了非农就业、农户总收入这两个关键变量的选择，在实证方程中还需要纳入一系列控制变量。包括农户家庭土地面积，具体以2010年的土地面积作为具体代理变量，减弱同期相关产生的估计误差；农户家庭户主的一些特征变量，包括年龄、受教育、培训程度；农户家庭的一些特征变量，包括农业机械拥有量、家庭资产拥有量、水利基础设施状况；地区一些特征变量，包括家庭地理区位(是否位于黑龙江省北部，将大兴安岭、黑河、伊春北部与齐齐哈尔北部定义为北部，其余行政市定义为南部)、区域土壤质量(土壤是否是黑土地)、区域示范效应(附近是否有国有大农场)。

6.5.1.4 变量的描述性统计

表6.7展示了变量的描述性统计分析情况，同时直接给出了纯农户和非农就业农户相关统计变量的相应统计分析数据，可更加直观地观察两个组别的差异。

表 6.7　变量定义以及描述性统计

变量		变量定义	全部农户		纯农户		非农就业农户	
			均值	标准差	均值	标准差	均值	标准差
关键变量	非农就业人数	近5年间平均的非农就业人数/人	1.01	1.23	0.00	0.00	1.94	1.04
	非农就业时间	平均每人非农就业的时间/月	9.74	6.53	0.00	0.00	10.56	8.95
	非农就业人员的受教育水平	非农就业人员接受教育的平均年限/年	10.81	9.47	9.45	8.52	12.83	10.72
控制变量	家庭土地面积	农户家庭2010年的土地面积/亩	104.67	32.39	83.89	16.99	123.98	31.32
	户主年龄	户主年龄/岁	54.18	15.23	54.48	14.86	53.9	15.57
	户主受教育水平	户主受教育年限/年	9.06	2.71	9.72	2.21	8.44	2.98

变量		变量定义	全部农户		纯农户		非农就业农户	
			均值	标准差	均值	标准差	均值	标准差
控制变量	户主受培训水平	是否受过生产技术培训（是＝1，否＝0）	0.8	0.4	0.89	0.31	0.71	0.45
	农业机械拥有量	农业机械拥有量/台	3.34	1.28	3.56	1.07	3.13	1.41
	水利基础设施状况	水利设施是否好（是＝1，否＝0）	0.73	0.45	0.77	0.42	0.69	0.46
	家庭资产拥有量	房间数量/间	5.42	1.69	5.38	1.7	5.45	1.68
	区域位置	位于北部＝0，非北部＝1	0.45	0.39	0.52	0.42	0.32	0.12
	区域土壤质量	黑土地＝1，非黑土地＝0	0.11	0.03	0.31	0.02	0.93	0.53
	区域示范效应	附近是否有国有大农场（是＝1，否＝0）	0.41	0.63	0.52	0.87	0.31	0.51
	迁移社会网络	5年前亲戚从事非农就业的人数/人	3.52	2.14	1.23	1.19	5.61	0.34

6.5.2 工具变量的选择

鉴于农户的非农就业决策和纯收入存在内生性问题,若直接估计非农就业对纯收入的影响会导致得到的估计结果与真实结果存在一定的误差,因此在实证模型的分析中需要加入工具变量来降低产生的估计误差。众多研究已经证实迁移社会网络是一个处理效果较为理想的工具变量,其对农户非农就业决策有重要的影响,但是与家庭的收入无关(Massey,1987；Taylor,1987；Massey,Arango,Hugo et al.,1993)。鉴于我国农村家庭生产、生活决策受到亲戚的带动、示范效应较为明显,因此在方程的具体估计中,采用5年前亲戚中从事非农就业的人数作为工具变量。其描述性统计分析列于表6.7当中。

6.5.3 半对数回归模型和分位数回归模型的构建

在实证分析中采用半对数回归模型作为基础的分析模型,其具体形式表

示为

$$\ln Y_i = \alpha_0 + \alpha_1 M_i + \alpha_2 X_i + \mu_i \qquad (6.16)$$

式中,因变量 $\ln Y_i$ 为农户纯收入的自然对数;M_i 为核心变量,即农户的非农就业;X_i 为控制变量;μ_i 为误差项;α_0 为截距项;α_1,α_2 分别为各个变量的估计系数。在具体的实证估计过程中,将采用普通最小二乘法和两阶段最小二乘法 2SLS 共同给出估计结果,其中两阶段最小二乘法 2SLS 加入了工具变量迁移社会网络来降低内生性问题。

为了更进一步验证非农就业对不同收入水平的农户的差异化影响,在上述研究基础之上,继续采用分位数回归模型估计非农就业对总收入 25%、50% 和 75% 位置上的农户的差异化的回归结果(谭江蓉,2016)。Koenker 和 Bassett(1978)最早提出分位数回归模型,其基本思想是利用残差绝对值的加权平均作为最小化的目标函数。分位数回归模型的基本形式为

$$Q_{i\theta}(\ln y_i \mid x_i) = \beta^{\theta} x_i \qquad (6.17)$$

式中,x_i 表示各种影响收入的因素,其估计系数为 β^{θ};$Q_{i\theta}(\ln y_i \mid x_i)$ 代表给定 x_i 的条件下,因变量 $\ln y_i$ 在第 θ 个分位数相对应的值。需要通过最小化绝对离差(least absolute deviation,LAD)来求解系数向量 β^{θ},即

$$\beta_{i\theta} = \operatorname{argmin}\{\sum_{i,\ln x} Q\theta \mid \ln y_i - x_i \beta(\theta) \mid +$$
$$\sum_{i,\ln x} Q(1-\theta) \mid \ln y_i - x_i \beta(\theta) \mid\} \qquad (6.18)$$

6.5.4 模型估计结果与分析

6.5.4.1 半对数回归模型的估计结果与分析

半对数回归模型的估计结果见表 6.8,同时给出了最小二乘法(OLS)和两阶段最小二乘法(2SLS)的估计结果。

表 6.8 展示了分位数回归模型的估计结果,尽管采用最小二乘法和两阶段最小二乘法的估计系数存在一定差异,但是在两种估计方法下,估计系数的影响方向基本上是一致的,并且在加入了工具变量迁移社会网络后,在两阶段最小二乘法的估计结果中,调整后的 R^2 有所降低,相关回归系数对模型的解释力度更接近实际情况。因此,在实证解释中采用两阶段最小二乘法分析回归结果。

表 6.8　农户总收入影响因素的回归结果

变量		OLS	2SLS
关键变量	非农就业人数	0.0583***	0.0448**
		(0.0451)	(0.0387)
	非农就业时间	0.1392***	0.1287***
		(0.0927)	(0.0853)
	非农就业人员的受教育水平	0.0372**	0.0354**
		(0.0838)	(0.0742)
控制变量	家庭土地面积	0.0553**	0.0494*
		(0.0737)	(0.0792)
	户主年龄	−1.032	−1.0281
		(0.7281)	(0.8391)
	户主受教育水平	0.0283**	0.0295*
		(0.0072)	(0.005)
	户主受培训水平	−1.317	−2.3009
		(0.598)	(0.631)
	农业机械拥有量	0.0931***	0.0872***
		(0.0926)	(0.0991)
	水利基础设施状况	0.0182*	0.0294*
		(0.0931)	(0.006)
	家庭资产拥有量	0.0742**	0.0709*
		(0.0318)	(0.0213)
	区域位置	0.012	0.009
		(0.0027)	(0.0025)
	区域土壤质量	0.0982*	0.0805*
		(0.0285)	(0.0211)
	区域示范效应	0.0007*	0.0001
		(0.0021)	(0.0129)
	截距项	5.3498**	4.7982**
		(4.1981)	(4.0935)
	调整后的 R^2	0.483	0.396

注:***、**、*分别代表在1%、5%和10%的水平上显著,括号中为标准差。

　　从两阶段最小二乘法的回归结果中可以发现,每增加1个非农就业人数,农户的纯收入在5%的显著性水平上增加4.48%;每增加1个月的非农就业时间,农户的纯收入在1%的显著性水平上增加12.87%;非农就业人员的受教育水平每增加1年,农户的纯收入在5%的显著性水平上增加3.54%。非农就业从汇款收入的角度来看,为家庭增加了收入渠道,积累了更多的总收入,为家庭集聚了资本财富;从生产性投资角度来看,非农就业产生的汇款收入可以强有力地支持家庭用于生产性投资,进而提高了家庭农业经营水平、生产效率等,由此获得较高的总收入;从思想观念角度来看,为家庭拓展了新的思想境界,接触到了不同于传统农业生产的相关生产经验、劳动技能和待人处事的方式,从而间接改变了家庭传统获取收入的方式、途径和经验技能等,提升了家庭的收入水平。同时,非农就业人员自身的受教育水平较高,一方面,会增强获得非农收入的机会与能力;另一方面,会显著提升家庭总体的人力资本质量,为家庭增加总收入。

　　控制变量的回归结果中,家庭土地面积每增加1亩,农户纯收入在10%的显著性水平上增加4.94%,土地作为基本的生产要素,其规模面积直接影响到农户农业生产的产出数量、效率等,从而影响农户收入水平。户主受教育年限每增加1年,农户纯收入在10%的显著性水平上增加2.95%,受教育水平代表了对户主的人力资本投资状况,高质素的人力资本对收入具有增长、带动效应。农业机械拥有量每增加1台,农户纯收入在1%的显著性水平上增加8.72%,机械拥有量一定程度上代表着农户的农业生产水平、技术生产效率,采用机械化作业可以有效提高产出效率,从而带动农户农业收入的增长。水利设施状况好,农户纯收入在10%的显著性水平上增加2.94%,水利设施状况直接代表农户的农业用水、排水的便捷程度,良好的水利基础设施可以有效促进农业产出的增加。若区域为黑土地,则农户纯收入在10%的显著性下增加8.05%,黑土地土壤营养成分较高,会有利于农作物产出的扩大以及农作物产出质量的提高,因此后续进入市场流通环节即可获取较高的销售收入。

　　通过上述半对数回归模型的估计结果可以发现,伴随着农户非农就业人数的提高、非农就业时间的增长与非农就业人员受教育水平的提升,农户的纯收入会得到正向的提升,因此应该继续促进非农就业的有序开展,从而促进农户收入的持续增长。

6.5.4.2　分位数回归模型的估计结果与分析

分位数回归模型的估计结果见表6.9,同时给出了以最小二乘法估计的相应结果。

表6.9　农户总收入影响因素的分位数回归结果

变量		OLS	$\theta=25\%$	$\theta=50\%$	$\theta=75\%$
关键变量	非农就业人数	0.0583*** (0.0451)	0.0548*** (0.0391)	0.0569*** (0.0221)	0.0693*** (0.0395)
	非农就业时间	0.1392*** (0.0927)	0.0963*** (0.074)	0.1188*** (0.0933)	0.1451*** (0.1335)
	非农就业人员的受教育水平	0.0372** (0.0838)	0.0248** (0.0761)	0.0359** (0.0825)	0.0491 (0.0777)
控制变量	家庭土地面积	0.0553** (0.0737)	0.0482** (0.0692)	0.0507** (0.0733)	0.0588** (0.0602)
	户主年龄	−1.0320 (0.7281)	−1.0222 (0.8001)	−1.0504 (0.7005)	−1.0332 (0.8083)
	户主受教育水平	0.0283** (0.0072)	0.0166** (0.0045)	0.0205** (0.0049)	0.0298** (0.0054)
	户主受培训水平	−1.317 (0.598)	−1.383 (0.631)	−1.3943 (0.631)	−2.3929 (0.631)
	农业机械拥有量	0.0931*** (0.0926)	0.0893*** (0.0954)	0.0879*** (0.0876)	0.0866*** (0.0962)
	水利基础设施状况	0.0182* (0.0931)	0.0277* (0.0806)	0.0285* (0.0812)	0.0288* (0.0796)
	家庭资产拥有量	0.0742** (0.0318)	0.0718* (0.0293)	0.0727* (0.0253)	0.0799* (0.0183)
	区域位置	0.012 (0.0027)	0.0099 (0.0049)	0.0109 (0.0083)	0.0159 (0.0022)
	区域土壤质量	0.0982* (0.0285)	0.0844* (0.0209)	0.0951* (0.0117)	0.0989* (0.0268)
	区域示范效应	0.0007* (0.0021)	0.0011* (0.0148)	0.0015* (0.0173)	0.0007* (0.0167)
截距项		5.3498** (4.1981)	4.7372** (4.0865)	4.7002** (4.1635)	5.7043** (4.1176)
调整后的 R^2		0.483	0.365	0.468	0.399

注:***、**、*分别代表在1%、5%和10%的水平上显著,括号中为标准差。

核心变量非农就业人数的回归结果可以发现,其在1%的显著性水平上正向影响农户的家庭总收入,且伴随着农户收入分位的增加,非农就业的人数可以显著提升农户的家庭总收入。根据非农就业时间的回归结果可以发现,其同样在1%的显著性水平上正向影响农户的家庭总收入,且伴随着农户收入分位的提升,非农就业的时间会显著提高家庭的总收入水平。非农就业人员的受教育水平在最小二乘法的估计结果下以5%的显著性水平正面影响农户家庭总收入,但是伴随着农户收入分位的提升,非农就业人员的受教育水平从提高家庭总收入变化为对家庭总收入的影响程度不显著。其中可能存在的作用机理是伴随着家庭收入的扩张,其聚集的财富已经形成家庭可供直接投资或者再生产的资本,其非农就业人员的受教育水平对家庭收入的增长贡献程度降低甚至消失。

控制变量中,土地面积的分位数回归结果显示伴随着家庭收入分位的提高,土地面积的增加会显著提高家庭的总收入水平,这证实土地的规模化经营有助于家庭收入的扩张,由此说明要继续坚持推动家庭农场、农业大户等的发展,从而继续促进大规模土地经营带来的生产效率的提升。户主受教育程度的分位数回归结果显示,伴随着家庭总收入分位的提高,户主的受教育水平增加会显著增加家庭的总收入水平,这表明作为家庭重要决策的制定者与执行人,户主的人力资本质量对收入的增减具有重要的影响力,这也意味着要继续坚持提高户主的受教育水平,从而为农户收入扩张奠定基础。农业机械拥有量的分位数回归结果显示,伴随着农户家庭总收入分位的提高,农业机械拥有量的增加对家庭的收入水平的贡献程度减弱,可能的原因是机械拥有量过多,占用过多家庭资产,使其无法投入其他生产性投资当中,或者机械闲置导致的变相家庭资产流失。因此家庭对农业机械的购置应该更加符合家庭实际情况,避免出现"买而无用"的尴尬状况。水利设施状况的分位数回归结果显示,伴随着农户家庭总收入分位的提高,水利设施状况较好会显著提高家庭总收入。良好的水利设施有效促进了生产能力的提升和生产效率的提高,为保证家庭丰产丰收奠定重要的基础性作用。家庭资产拥有量的分位数回归结果显示,伴随着农户家庭总收入分位的提高,家庭资产拥有量的增加会显著推动家庭总收入的上升。农户的家庭资产代表着其可用于进行再生产的物质水平,其财富的再投资有助于进一步推动家庭收入的增长。区域土壤质量的分位数回归结果显示,伴随着农户家庭总收入分位的提高,区域土壤为黑土地会有利于家庭总收入水平的扩张。由此证实了保护黑土地的重要性,防止出现对黑土地的破坏从而导致的不可修复性损失。区域示范效应的分位数回归结果显示,伴随着农户家庭总收入分位的提高,国有大农场对农户收入提高的贡献程度由提高转变为降低。这表明对农户来说,在收入水平到达中位数以前,国有大农场的系列政策示范效应会较易影响农户的收入增加;在收入水平超过中位数之后,国有大农场的示范效应对农户收入提升作用有所下降。

通过以上的分位数回归模型,可以发现伴随着农户收入分位的提高,非农就业总体上对农户收入的增加起到推动作用,因此应该继续推进非农就业的有序发展。

6.6 本章小结

本章实证探究了非农就业对农户收入的影响,首先,将调查农户划分为处理组与控制组,采用内生转换回归模型估计非农就业对农户农业(具体到种植业)收入的影响,并且在此基础上进一步分析了相应的处理效应。其次,采用内生转换回归模型估计非农就业对粮食作物和经济作物收入的影响,并且采用Heckman两阶段模型进行了稳健性检验。最后,采用半对数回归模型和分位数回归模型,结合两阶段最小二乘法,研究非农就业对农户总收入的影响。研究结论表明,非农就业可以有效提升农户种植业收入,具体来看会提高粮食作物的收入,但是会降低经济作物的收入;非农就业对农户总收入的增加起到推动作用。这说明非农就业农户的种植行为转向劳动力相对较低的粮食作物的种植,降低了经济作物的相关生产行为,并且非农就业并未对种植业收入产生负面影响,其主要作用渠道是参与非农就业的家庭,其农业生产采取要素替代策略,抵消了劳动力流失的负面效应。农户家庭并未因非农就业产生负面影响,相反他们根据要素禀赋的变化及时进行了新的替代安排,改变了生产结构,从而产生了相关收入的变化。

07/
主要结论和政策建议

转型时期大量农户的非农就业究竟是否会对我国粮食主产区的农业生产，尤其是粮食生产产生负面影响，是否会影响到我国粮食安全目标的实现，这是本书旨在解答的关键问题。以新劳动力迁移经济学为理论支撑，结合在粮食主产区黑龙江省农户 1140 份有效调研数据为主要分析样本，主要以微观农户视角从三大方面对研究议题做出全面翔实的实证论证，即非农就业对粮食生产产出（产出数量与播种面积、技术效率）的影响、非农就业对种植结构的影响和非农就业对农户收入的影响。如此，既延续了已有研究的框架脉络，又进一步从多个视角探讨了非农就业导致的家庭要素禀赋变化对粮食生产影响的作用机制。总的来说，本书得出的主要研究结论和政策建议如下所述。

7.1　主要结论

本书通过实证分析主要发现，非农就业形成的家庭劳动力流失并未对粮食生产产生负面影响，反而促进了粮食生产增长、农户增收。农户通过调整家庭要素禀赋安排，采用要素替代策略，有效替代了缺失的劳动力。

7.1.1　非农就业促使粮食主产区农户的粮食产量和种植面积同步增长

第 4 章首先结合联立方程模型展开实证分析，通过三阶段最小二乘法进行的估计结果表明，非农就业对农户粮食产出数量与播种面积存在显著的正面影响，非农就业与两者存在"一致性"，黑龙江地区粮食生产呈现稳定发展的态势。并在此基础之上，进一步结合宏观层面的面板数据，印证黑龙江省农户的非农就业有效促进了粮食产出的提升。粮食主产区农户积极适应非农就业形成的种粮劳动力短缺的现状，采用要素替代战略，形成对已有劳动力资源的充分安排利用，最终有效保障了粮食产出端的安全。

7.1.2　非农就业促使粮食主产区农户的粮食生产技术效率得到有效提升

在分析了非农就业对粮食产出数量与面积的影响之后，第 4 章结合"一步法"随机前沿生产函数模型，实证探究了非农就业、土地规模对农户粮食技术效率的影响。研究发现,非农就业、土地规模均正向影响粮食的技术效率,进一步的讨论表明,从两者的异质性角度出发,户主参与非农活动、异地的非农就业与壮年劳动力进行非农就业分别相较于对照组呈现更低的技术效率水平。这表明粮食主产区农户的粮食生产管理能力得到进一步的提升。

7.1.3 非农就业促使粮食主产区农户的种植结构产生改变

第5章首先从粮食内部种植结构展开分析,探讨了农户的非农就业对粮食内部种植结构的影响。结合似不相关回归方法,研究发现,对粮食内部种植结构来说,农户的本地非农就业和异地非农就业均加大了玉米的种植面积,且异地非农就业的增长对玉米种植面积的增加具有更强的影响力;结合农户的耕地规模来看,对耕地规模较大的农户来讲,异地非农就业促使农户的粮食作物种植面积上升。其次从粮食外部种植结构分析非农就业的影响,结合似不相关双变量 Probit 模型,发现农户的非农就业促使家庭加大粮食作物的耕种面积,减少或者维持经济作物的种植面积。最后从农作物整体种植结构分析非农就业的影响,采用 Ordered Probit 和 Ordered Logit 模型研究农户的非农就业对农作物种植种类的影响。在实证分析中将农作物种类逐渐增加定义为多样化趋势,将农作物种植逐渐减少定义为单一化趋势,研究发现,非农就业促使农户的种植结构安排趋向单一化的趋势。

7.1.4 促使粮食主产区农户的收入得到增长

第6章实证探究了农户非农就业对种植业收入的影响,并且在此基础上进一步细化到对粮食作物和经济作物收入的影响,探讨对农户总收入的影响。在具体分析中,首先,内生转换回归模型的研究以及处理效应的结果表明,非农就业可以有效提升农户种植业收入;其次,结合内生转换回归模型和 Heckman 两阶段模型,研究发现非农就业会提高粮食作物的收入,但是会降低经济作物的收入;最后,采用半对数回归模型,结合两阶段最小二乘估计,发现非农就业会促使农户纯收入的上升,并且进一步采用分位数回归模型,印证伴随着农户收入分位的提高,非农就业总体上对农户收入的增加起到推动作用。总体研究说明,非农就业农户的种植行为转向劳动力相对较低的粮食作物的种植,降低了经济作物的相关生产行为。并且非农就业并未对种植业收入产生负面影响,其主要作用渠道是非农就业的家庭采取要素替代策略,这抵消了劳动力流失的负面效应。农户家庭并未因非农就业产生负面影响,相反他们根据要素禀赋的变化及时进行了新的替代安排,改变了生产结构,从而产生了相关收入的变化。

7.2 政策建议

根据以上研究结论,本书形成一系列政策建议,以为我国主产区粮食生产更好适应新时代的发展提供一些借鉴。

7.2.1 推动农村非农就业的有序开展

从上面的研究中不难发现,粮食主产区农户的非农就业对粮食生产产生了众多正面影响,因此要继续推动非农就业的有序开展。通过各级政府的政策福利来保证劳动力走出去没有后顾之忧,通过为农业劳动力提供各式及时的就业咨询与劳动培训等建立起用工企业和农业劳动力的供需对接,使得劳动力可以获得稳定体面的非农就业收入(蔡洁,夏显力,2016)。继续完善户籍制度改革,纠正以往扭曲制度(魏后凯,苏红键,2013;辜胜阻,李睿,曹誉波,2014;唐宗力,2015;常进雄,赵海涛,2015;于潇,孙悦,2017);深入推进城乡统筹的医疗、养老等社会保障制度的均等化,让非农就业的劳动力可以享受到应有的政策红利。并且,针对非农就业的农户家庭,当地政府应该对其农业生产给予一定的帮扶支持,例如在农机具使用、新技术采纳等环节安排专人进行优先指导,以此减轻留守农业劳动力对新知识、新技术接受能力较弱的缺点。

7.1.2 转型升级传统的粮食生产方式

尽管非农就业有效推动了主产区粮食生产的积极发展,但是从长远的角度来看,依然要加快转型升级传统的粮食生产方式,推动粮食生产领域的"生产要素对流",使得依靠劳动密集型投入的粮食生产转变为技术、资本密集型,完成粮食生产方式变革,提高粮食综合生产能力(黄季焜,杨军,仇焕广,2012;李谷成,2015;高鸣,宋洪远,2015;唐建,Vila,2016);同时实现技术、资本密集型粮食生产的适度规模化经营,为此应该加快土地流转,改善现有土地制度;继续加大对农业机械的支持力度,通过农机补贴等各种途径支持农户增加农业机械数量,鼓励农户以机械投入代替劳动投入(王欧,唐轲,郑华懋,2016;王晓兵,许迪,候玲玲,等,2016),以此缓解劳动力的流失效应,从而形成要素投入结构和生产结构的转变(郑旭媛,徐志刚,2017)。

7.1.3 结合黑龙江地区实际,进一步加强土地的规模化经营

在黑龙江地区要继续推动土地的规模化经营,以家庭农场、农业经营大户为先锋示范,加快土地连片整理、规划,从而形成高效率的集中经营。同时要加强对土地流转的监督力度,做到规范合理形成规模化,而不是以单纯扩大经营面积为导向(陈杰,苏群,2017)。在推动规模化的过程中要注意加强对中低产耕地的改造利用,加强针对水利基础设施的维护保养,改进田间管理规范,防止过量施用化肥造成土壤污染,形成可以充分利用的高产农田(钟甫宁,2011)。除此之外,鉴于黑龙江地区处于高纬度地区,其复种指数较低,规模化经营的土地可以借季节间隙进行有效维持养护,以此利于第二年形成高效产出。

7.1.4 考虑农户非农就业的异质性,推出针对性方针措施

考虑到非农就业的异质性,要结合农户实际推出针对性的方针措施,考虑不同情况进行有序引导(应瑞瑶,郑旭媛,2013),使得农户坚持重视粮食生产,保障我国整体粮食供给安全的红线。在继续大力推动城镇化、非农就业的同时,始终不能松懈粮食生产的重任,避免出现农田的撂荒现象陷入"无人耕田"的窘境。国家近年来接连推出系列惠农政策措施,如政府购买深化服务,由此减轻农民负担、降低生产成本,要让农户获悉从事粮食生产可以获得可观收入,增加种粮积极性,由此做到粮食生产的可持续性。

7.1.5 改变黑龙江地区农户对种植玉米过分依赖的现状

在黑龙江当前的生产模式下,农户倾向于扩大化种植玉米,市场供给大于需求,导致玉米价格较低,库存过量,农户收益受到影响。为此,要加快调减玉米种植面积,深入贯彻国家近期出台的阶段性玉米调控措施(樊琦,祁迪,李霜,2016),通过发展青贮玉米、饲草、杂粮、杂豆等作物的替代种植来缓解玉米供给过剩的矛盾,保证玉米种植收益在合理区间,促进种植业结构合理化调整(杨春,陈文宽,葛翔,等,2016)。

7.3 进一步的研究方向

尽管本书致力于以微观和宏观数据相结合的方法来论证相关研究议题,但是仍然存在若干缺陷和不足,有待于后续进行更加深入的探讨。

第一,从研究数据来看,本书所涉及的粮食作物包括大豆的相关数据,今后在研究中应该剥离大豆的相关数据,进行更加具有世界范围内公认的、典型的粮食作物的相关生产分析。因为国际上通行的相关标准是将大豆归类在油料作物项下,而我国将大豆归类在粮食作物项下。

第二,从研究时间跨度来看,本书应该进行后续的跟踪调研,形成跨年度的面板数据,由此可以进行相关问题的时间趋势研究。同时,利用面板数据可以进一步剔除研究的随机扰动项,获取更加稳定的估计结果,使得研究结果更具备可信性与推广性。

第三,从研究区域来看,本书可以推广到我国所有的粮食主产省份,进行主产省份之间的对比研究、综合研究等,以此形成适用于我国全体粮食主产省份的研究结论,与前人针对粮食主产省份的宏观研究结论相对照,从宏观与微观双视角得到适用于保障我国粮食主产省份粮食安全的相关政策建议。

第四,从研究内容来看,本书还可以继续推广到非农就业对农村社会发展、城市发展、城乡差距等环节的影响机制,从更加多维的研究视角探究非农就业产生的相关影响,以此更好地研究非农就业带来的经济、社会福利效应。

参考文献

【外文文献】

[1]Azam J P,Gubert F, 2005. Those in kayes：the impact of remittances on their recipients in Africa[J]. Revue Economique (6)：1331-1358.

[2]Battese G E,Coelli T J, 1995. A model for technical inefficiency effects in a stochastic frontier production function for panel data[J]. Empirical Economics (2)：325-332.

[3]Beaudouin P, 2006. Economic impact of migration on a rural area in bangladesh[R]. Centre Deconomie De La Sorbonne Working Paper.

[4]Becker G S, 1975. Human Capital[M]. New York：Columbia University Press.

[5]Benjamin D, Brandt L, 2002. Property rights，labour markets，and efficiency in a transition economy：the case of rural China[J]. Canadian Journal of Economics (4)：689-716.

[6]Blinder A, 1973. Wage discrimination：reduced form and structural estimates[J]. Journal of Human Resources (8)：436-455.

[7]Castelhano M, Lawell C, Sumner D A et al. , 2016. The effects of migration and remittances on productive investment in rural Mexico[R]. Working paper，University of California at Davis.

[8]Chambers R,Conway G, 1992. Sustainable rural livelihoods：practical concepts for the 21st Century[J]. Institute of Development Studies (UK).

[9]Chang H H,Wen F I, 2011. Off-farm work，technical efficiency，and rice production risk in Taiwan[J]. Agricultural Economics (2)：269-278.

[10]Coelli T J, 1996. Measurement of total factor productivity growth and biases in technological change in western Australian agriculture[J]. Journal of Applied Econometrics (1)：77-91.

[11]Dawson J,Lingard J,Woodford C H, 1991. A generalized measure of farm-specific technical efficiency[J]. American Journal of Agricultural Economics (4)：1098-1104.

[12]De Brauw A, 2010. Seasonal migration and agricultural production in Vietnam[J]. The Journal of Development Studies (1):114-139.

[13]Fan S,Zhang X,2004. Infrastructure and regional economic development in rural China[J]. China Economic Review (2):203-214.

[14]Fei J C H,Ranis G, 1961. A theory of economic development[J]. American Economic Review (4):533-565.

[15]Feng S,Heerink N,Ruben R et al. ,2010. Land rental market, off-farm employment and agricultural production in Southeast China: a plot-level case study[J]. China Economic Review (4):598-606.

[16]Howell A, 2017. Impacts of migration and remittances on ethnic income inequality in rural China[J]. World Development, 94:200-211.

[17]Huang J,Wu Y,Rozelle S, 2009. Moving off the farm and intensifying agricultural production in Shandong:a case study of rural labor market linkages in China[J]. Agricultural Economics (2):203-218.

[18]Jorgenson D W, 1961. The development of a dual economy[J]. The Economic Journal, 71:309-334.

[19]Kilic T,Carletto C,Miluka J et al. , 2009. Rural nonfarm income and its impact on agriculture:evidence from Albania[J]. Agricultural Economics (2):139-160.

[20]Kiplimo L B, Ngeno V, 2016. Understanding the effect of land fragmentation on farm level efficiency:an application of quantile regression-based thick frontier approach to maize production in Kenya[C]//AAAE Fifth International Conference. African Association of Agricultural Economists (AAAE).

[21]Kuiper M H, 2005. Village modeling:A Chinese recipe for blending general equilibrium and household modeling[R]. Agricultural Economics Research Institute.

[22]Kuznets S, 1955. Economic growth and income inequality[J]. American Economic Review (1):1-28.

[23] Levy F, Murnane R, 2003. The skill content of recent technological

change:an empirical exploration[J]. The Quarterly Journal of Economics (4):1279-1333.

[24]Li L, Wang C,Segarra E et al. , 2013. Migration, remittances, and agricultural productivity in small farming systems in Northwest China[J]. China Agricultural Economic Review (1):5-23.

[25]Lipton M, 1968. A game against nature:theories of peasant decision making[R]. Institute of Development Studies.

[26]Lucas R E, 1989. On the mechanics of economic development[J]. Journal of Monetary Economics (1):3-42.

[27]Massey D S, 1987. Understanding Mexican migration to the United States [J]. American Journal of Sociology (6):1372-1403.

[28]Massey D S,Arango J, Hugo G et al. , 1993. Theories of international migration:a review and appraisal[J]. Population and Development Review (2):431-466.

[29]McCarthy N, Carletto G, Davis B et al. , 2006. Assessing the impact of massive out-migration on agriculture[R]. ESA Working Paper.

[30]Michler J D, Shively G E, 2015. Land tenure, tenure security and farm efficiency:panel evidence from the Philippines[J]. Journal of Agricultural Economics (1):155-169.

[31]Miluka J, Carletto G, Davis B et al. , 2010. The vanishing farms? the impact of international migration on Albanian family farming[J]. The Journal of Development Studies (1):140-161.

[32]Mincer, J A, 1974. Schooling, experience and earnings[R]. National Bureau of Economic Research Books.

[33]Mochebelele M T, Winter-Nelson A, 2000. Migrant labor and farm technical efficiency in Lesotho[J]. World Development (1):143-153.

[34]Morduch J, Sicular T, 2000. Politics, growth, and inequality in rural China:does it pay to join the Party? [J]. Journal of Public Economics (3):331-356.

[35]Oaxaca R L, Ransom M R, 1994. On discrimination and the decomposition

of wage deferential[J]. Journal of Econometrics (1):5-21.

[36]Owusu V，Abdulai A，Abdul-Rahman S，2011. Non-farm work and food security among farm households in Northern Ghana[J]. Food Policy (2): 108-118.

[37]Park K，1996 Educational expansion and educational inequality on income distribution[J]. Economics of Education Review (1):51-58.

[38]Pfeiffer L，López-Feldman A，Taylor J E，2009. Is off-farm income reforming the farm? evidence from Mexico[J]. Agricultural Economics (2): 125-138.

[39]Popkin S L，1979. The rational peasant:the political economy of rural society in Vietnam[M]. Berkeley:University of California Press.

[40]Quinn M A，2009. Estimating the impact of migration and remittances on agricultural technology[J]. The Journal of Developing Areas (1):199-216.

[41]Reardon T，Taylor J E，Stamoulis K et al. ,2000. Effects of non-farm employment on rural income inequality in developing countries:an investment perspective[J]. Journal of Agricultural Economics (2):266-288.

[42]Rozelle S,Taylor J E,De Brauw A,1999. Migration，remittances and agricultural productivity in China [J]. American Economic Review (2): 287-291.

[43]Sauer J，Gorton M，Davidova S，2015. Migration and farm technical efficiency:evidence from Kosovo[J]. Agricultural Economics (5):629-641.

[44]Stampini M，Davis B，2009. Does nonagricultural labor relax farmers' credit constraints? evidence from longitudinal data for Vietnam[J]. Agricultural economics (2):177-188.

[45] Stark O，1991. The migration of labor [M]. Cambridge: Basil Blackwell，Inc.

[46]Stark O,Bloom D E，1985. The new economics of labor migratiaaon[J]. The American Economic Review (2):173-178.

[47]Taylor J E，1987. Undocumented Mexico-US migration and the returns to households in rural Mexico[J]. American Journal of Agricultural Econom-

ics (3):626-638.

[48] Taylor J E, 1992. Remittances and inequality reconsidered: direct, indirect, and intertemporal effects [J]. Journal of Policy Modeling (2): 187-208.

[49] Taylor J E, 1999. The new economics of labour migration and the role of remittances in the migration process [J]. International Migration (1): 63-88.

[50] Taylor J E, Rozelle S, De Brauw A, 2003. Migration and incomes in source communities: a new economics of migration perspective from China [J]. Economic Development and Cultural Change (1):75-101.

[51] Taylor J E, López-Feldman A, 2010. Does migration make rural households more productive? evidence from Mexico[J]. The Journal of Development Studies (1):68-90.

[52] Taylor J E, Martin P L, 2001. Human capital: Migration and rural population change[J]. Handbook of Agricultural Economics (1):457-511.

[53] Taylor J E, Arango J, Hugo G et al. , 1996. International migration and community development[J]. Population Index (3):397-418.

[54] Taylor T G, Shonkwiler J S, 1986. Alternative stochastic specifications of the frontier production function in the analysis of agricultural credit programs and technical efficiency[J]. Journal of Development Economics (1): 149-160.

[55] Todaro M P, 1969. A model of labor migration and urban unemployment in less developed countries [J]. The American Economic Review (1): 138-148.

[56] Wang C, Rada N, Qin L et al. , 2014. Impacts of migration on household production choices: Evidence from China[J]. Journal of Development Studies (3):413-425.

[57] Wang D, Cai F, Zhang G, 2010. Factors influencing migrant workers' employment and earnings-the role of education and training[J]. Social Sciences in China (3):123-145.

[58]Wang H J，Schmidt P，2002. One-step and two-step estimation of the effects of exogenous variables on technical efficiency levels[J]. Journal of Productivity Analysis (2)：129-144.

[59]Wang Y，Wang C，Pan S. 2011. The impact of nonfarm activities on agricultural productivity in rural China[R]. Agricultural and Applied Economics Association's 2011 AAEA and NAREA.

[60]Wouterse F，2010. Migration and technical efficiency in cereal production：evidence from Burkina Faso[J]. Agricultural Economics (5)：385-395.

[61]Wouterse F，Taylor J E，2008. Migration and income diversification：evidence from Burkina Faso[J]. World Development (4)：625-640.

[62]Wu H X，Meng X，1996. The direct impact of the relocation of farm labour on Chinese grain production[J]. China Economic Review (2)：105-122.

[63]Yang J，Wang H，Jin S et al.，2016. Migration, local off-farm employment, and agricultural production efficiency：evidence from China[J]. Journal of Productivity Analysis(3)：247-259.

[64]Zhang L，Su W，Eriksson T et al.，2016. How off-farm employment affects technical efficiency of China's farms：the case of Jiangsu[J]. China & World Economy(3)：37-51.

[65]Zhang J，Giles J，Rozelle S，2012. Does it pay to be a cadre? estimating the returns to being a local official in rural China[J]. Journal of Comparative Economics(3)：337-356.

【中文文献】

[66]蔡昉,2008.刘易斯转折点后的农业发展政策选择[M].北京:中国农村经济(8)：4-15.

[67]蔡洁,夏显力,2016.农业转移人口就近城镇化:个体响应与政策意蕴:基于陕西省 2055 个调查样本的实证分析[J].农业技术经济(10)：29-37.

[68]常进雄,赵海涛,2015.农民工二次跨区流动的特征分析[J].中国人口科学

(2):84-92,127-128.

[69] 陈传波,阎竣,2015.户籍歧视还是人力资本差异? 对城城与乡城流动人口收入差距的布朗分解[J].华中农业大学学报(社会科学版)(5):9-16.

[70] 陈风波,丁士军,2006.农村劳动力非农化与种植模式变迁:以江汉平原稻农水稻种植为例[J].南方经济(9):43-52.

[71] 陈杰,苏群,2017.土地流转、土地生产率与规模经营[J].农业技术经济(1):28-36.

[72] 陈菁,孔祥智,2016.土地经营规模对粮食生产的影响:基于中国十三个粮食主产区农户调查数据的分析[J].河北学刊(3):122-128.

[73] 陈强,2010.高级计量经济学与 STATA 应用[M].北京:高等教育出版社.

[74] 陈素琼,张广胜,2014.不同类型劳动力转移农户玉米生产技术效率的实证研究:以辽宁省为例[J].江苏农业科学(9):416-419.

[75] 陈锡文,2016.农业供给侧结构性改革的几个重大问题[J].农业工程技术(15):38-42.

[76] 陈锡文,陈昱阳,张建军,2011.中国农村人口老龄化对农业产出影响的量化研究[J].中国人口科学(2):39-46,111.

[77] 陈钊,陆铭,2008.从分割到融合:城乡经济增长与社会和谐的政治经济学[J].经济研究(1):21-32.

[78] 程名望,盖庆恩,Jin,等,2016.人力资本积累与农户收入增长[J].经济研究(1):168-181,192.

[79] 程名望,黄甜甜,刘雅娟,2015.农村劳动力外流对粮食生产的影响:来自中国的证据[J].中国农村观察(6):15-21,46,94.

[80] 程名望,黄甜甜,刘雅娟,2015.农村劳动力转移对粮食安全的影响:基于粮食主销区面板数据的实证分析[J].上海经济研究(4):87-92,100.

[81] 程名望,史清华,Jin,2014.农户收入水平、结构及其影响因素:基于全国农村固定观察点微观数据的实证分析[J].数量经济技术经济研究(5):3-19.

[82] 程名望,张帅,潘烜,2013.农村劳动力转移影响粮食产量了吗? ——基于中国主产区面板数据的实证分析[J].经济与管理研究(10):79-85.

[83] 董晓霞,黄季焜,Rozelle S,等,2006.地理区位、交通基础设施与种植业结构调整研究[J].管理世界(9):59-63,79.

[84]樊琦,祁迪,李霜,2016.玉米临时收储制度的改革与转型研究[J].农业经济问题(8):74-81,111.

[85]樊士德,江克忠,2016.中国农村家庭劳动力流动的减贫效应研究:基于CFPS数据的微观证据[J].中国人口科学(5):26-34,126.

[86]盖庆恩,朱喜,史清华,2014.劳动力转移对中国农业生产的影响[J].经济学(季刊)(3):1147-1170.

[87]高梦滔,姚洋,2006.农户收入差距的微观基础:物质资本还是人力资本?[J].经济研究(12):71-80.

[88]高鸣,宋洪远,2015.生产率视角下的中国粮食经济增长要素分析[J].中国人口科学(1):59-69,127.

[89]辜胜阻,李睿,曹誉波,2014.中国农民工市民化的二维路径选择:以户籍改革为视角[J].中国人口科学(5):2-10,126.

[90]郭熙保,赵光南,2010.我国农村留守劳动力结构劣化状况及其对策思考:基于湖北、湖南、河南三省调查数据的分析[J].中州学刊(5):112-117.

[91]郝大明,2016.农业劳动力转移对中国经济增长的贡献率:1953—2015[J].中国农村经济(9):44-57.

[92]胡雪枝,钟甫宁,2012.农村人口老龄化对粮食生产的影响:基于农村固定观察点数据的分析[J].中国农村经济(7):29-39.

[93]黄季焜,杨军,仇焕广,2012.新时期国家粮食安全战略和政策的思考[J].农业经济问题(3):4-8.

[94]黄祖辉,王建英,陈志钢,2014.非农就业、土地流转与土地细碎化对稻农技术效率的影响[J].中国农村经济(11):4-16.

[95]李德洗,2012.农户非农就业的粮食生产效应研究[J].中州学刊(4):59-63.

[96]李德洗,2014.非农就业对农业生产的影响[D].杭州:浙江大学.

[97]李谷成,冯中朝,占绍文,2008.家庭禀赋对农户家庭经营技术效率的影响冲击:基于湖北省农户的随机前沿生产函数实证[J].统计研究(1):35-42.

[98]李谷成,梁玲,尹朝静,等,2015.劳动力转移损害了油菜生产吗?:基于要素产出弹性和替代弹性的实证[J].华中农业大学学报(社会科学版)(1):7-13.

[99]李谷成,2015.资本深化、人地比例与中国农业生产率增长:个生产函数分析框架.中国农村经济(1):14-30,72.

[100]林本喜,邓衡山,2012.农业劳动力老龄化对土地利用效率影响的实证分析:基于浙江省农村固定观察点数据[J].中国农村经济(4):15-25,46.

[101]林坚,李德洗,2013.非农就业与粮食生产:替代抑或互补:基于粮食主产区农户视角的分析[J].中国农村经济(9):54-62.

[102]刘生龙,周绍杰,2011.基础设施的可获得性与中国农村居民收入增长:基于静态和动态非平衡面板的回归结果[J].中国农村经济(1):27-36.

[103]罗必良,2017.农业供给侧改革的关键、难点与方向[J].农村经济(1):1-10.

[104]罗丹,李文明,陈洁,2017.粮食生产经营的适度规模:产出与效益二维视角[J].管理世界(1):78-88.

[105]骆永民,樊丽明,2012.中国农村基础设施增收效应的空间特征:基于空间相关性和空间异质性的实证研究[J].管理世界(5):71-87.

[106]骆永民,樊丽明,2014.中国农村人力资本增收效应的空间特征[J].管理世界(9):58-76.

[107]马林静,欧阳金琼,王雅鹏,2014.农村劳动力资源变迁对粮食生产效率影响研究[J].中国人口·资源与环境(9):103-109.

[108]马忠东,张为民,梁在,等,2004.劳动力流动:中国农村收入增长的新因素[J].人口研究(3):2-10.

[109]毛学峰,刘靖,朱信凯,2015.中国粮食结构与粮食安全:基于粮食流通贸易的视角[J].管理世界(3):76-85.

[110]冒佩华,徐骥,2015.农地制度、土地经营权流转与农民收入增长[J].管理世界(5):63-74.

[111]彭克强,刘锡良,2016.农民增收、正规信贷可得性与非农创业[J].管理世界(7):88-97.

[112]恰亚诺夫,1996.农民经济组织[M].萧正洪,译.北京:中央编译出版社.

[113]钱文荣,郑黎义,2010.劳动力外出务工对农户水稻生产的影响[J].中国人口科学(5):58-65.

[114]钱文荣,郑黎义,2011.劳动力外出务工对农户农业生产的影响:研究现状

与展望[J].中国农村观察(1):31-38,95,97.

[115]秦立建,张妮妮,蒋中一,2011.土地细碎化、劳动力转移与中国农户粮食生产:基于安徽省的调查[J].农业技术经济(11):16-23.

[116]冉璐,谢家智,张明,2013.非农工作经历与农民务农收入:基于分位数回归与分解的实证研究[J].农业技术经济(6):32-39.

[117]石智雷,杨云彦,2011.外出务工对农村劳动力能力发展的影响及政策含义[J].管理世界(12):40-54.

[118]史清华,2005.农户经济可持续发展研究:浙江十村千户变迁(1986—2002)[M].北京:中国农业出版社.

[119]斯科特,2013.农民的道义经济学东南亚的反判与生存[M].程立显,刘建,等译.北京:译林出版社.

[120]苏卫良,刘承芳,张林秀,2016.非农就业对农户家庭农业机械化服务影响研究[J].农业技术经济(10):4-11.

[121]谭江蓉,2016.乡城流动人口的收入分层与人力资本回报[J].农业经济问题(2):59-66,111.

[122]唐建,Vila J,2016.粮食生产技术效率及影响因素研究:来自1990—2013年中国31个省份面板数据[J].农业技术经济(9):72-83.

[123]唐宗力,2015.农民进城务工的新趋势与落户意愿的新变化:来自安徽农村地区的调查[J].中国人口科学(5):113-125,128.

[124]王建英,陈志钢,黄祖辉,等,2015.转型时期土地生产率与农户经营规模关系再考察[J].管理世界(9):65-81.

[125]王欧,唐轲,郑华懋,2016.农业机械对劳动力替代强度和粮食产出的影响[J].中国农村经济(12):46-59.

[126]王晓兵,许迪,侯玲玲,等,2016.玉米生产的机械化及机械劳动力替代效应研究:基于省级面板数据的分析[J].农业技术经济(6):4-12.

[127]王翌秋,陈玉珠,2016.劳动力外出务工对农户种植结构的影响研究:基于江苏和河南的调查数据[J].农业经济问题(2):41-48.

[128]王跃梅,姚先国,周明海,2013.农村劳动力外流、区域差异与粮食生产[J].管理世界(11):67-76.

[129]王子成,2012.外出务工、汇款对农户家庭收入的影响:来自中国综合社会

调查的证据[J].中国农村经济(4):4-14.

[130]王子成,2015.劳动力外出对农户生产经营活动的影响效应研究:迁移异质性视角[J].世界经济文汇(2):74-90.

[131]王子成,2015.农村劳动力外出降低了农业效率吗?[J].统计研究(3):54-61.

[132]王子成,邓江年,2014.迁移与输出地经济发展关系研究进展[J].经济学动态(9):134-144.

[133]王子成,赵忠,2013.农民工迁移模式的动态选择:外出、回流还是再迁移[J].管理世界(1):78-88.

[134]魏后凯,苏红键,2013.中国农业转移人口市民化进程研究[J].中国人口科学(5):21-29,126.

[135]温铁军,董筱丹,石嫣,2010.中国农业发展方向的转变和政策导向:基于国际比较研究的视角[J].农业经济问题(10):88-94.

[136]吴清华,李谷成,周晓时,等,2015.基础设施、农业区位与种植业结构调整:基于1995—2013年省际面板数据的实证[J].农业技术经济(3)25-32.

[137]吴天龙,2015a.收入非农化、土地规模化对农户粮食生产技术效率的影响:以河北省农户玉米生产为例[J].科技与经济(4):46-50.

[138]吴天龙,2015b.收入非农化对农户农业生产的影响[D].北京:中国农业大学.

[139]吴伟伟,刘耀彬,2017.非农收入对农业要素投入结构的影响研究[J].中国人口科学(2):70-79.

[140]徐建国,张勋,2016.农业生产率进步、劳动力转移与工农业联动发展[J].管理世界(7):76-87,97.

[141]许庆,田士超,徐志刚,等,2008.农地制度、土地细碎化与农民收入不平等[J].经济研究(2):83-92,105.

[142]薛庆根,王全忠,朱晓莉,等,2014.劳动力外出、收入增长与种植业结构调整:基于江苏省农户调查数据的分析[J].农业技术经济(6):34-41.

[143]杨春,陈文宽,葛翔,等,2016.发展饲用作物推进种植业结构调整的综合效益评价研究[J].农业技术经济(8):119-125.

[144]杨进,钟甫宁,陈志钢,等,2016.农村劳动力价格、人口结构变化对粮食种

植结构的影响[J].管理世界(1):78-87.

[145]杨志海,2015.兼业经营对农户水稻生产的影响研究[D].武汉:华中农业大学.

[146]杨志海,吐尔孙,王雅鹏,2016.劳动力转移及其分化对农业生产效率的影响:以江汉平原水稻和棉花种植为例[J].中国农业大学学报(2):140-149.

[147]尹虹潘,刘渝琳,2016.城市化进程中农村劳动力的留守、进城与回流[J].中国人口科学(4):26-36,126.

[148]应瑞瑶,郑旭媛,2013.资源禀赋、要素替代与农业生产经营方式转型:以苏、浙粮食生产为例[J].农业经济问题(12):15-24,110.

[149]于潇,孙悦,2017.城镇与农村流动人口的收入差异:基于2015年全国流动人口动态监测数据的分位数回归分析[J].人口研究(1):84-97.

[150]于晓华,钟甫宁,2012.如何保障中国粮食安全[J].农业技术经济(2):4-8.

[151]曾福生,李飞,2015.农业基础设施对粮食生产的成本节约效应估算:基于似无相关回归方法[J].中国农村经济(6):4-12,22.

[152]张勋,万广华,2016.中国的农村基础设施促进了包容性增长吗?[J].经济研究(10):82-96.

[153]章立,余康,郭萍,2012.农业经营技术效率的影响因素分析:基于浙江省农户面板数据的实证[J].农业技术经济(3):71-77.

[154]郑黎义,2011.劳动力外出务工对农户农业生产的影响[D].杭州:浙江大学.

[155]郑旭媛,徐志刚,2017.资源禀赋约束、要素替代与诱致性技术变迁:以中国粮食生产的机械化为例[J].经济学(季刊)(1):45-66.

[156]中华人民共和国国家统计局,2017.2016年农民工监测调查报告[EB/OL].(2017-04-28)[2019-12-07].http://www.stats.gov.cn/tjsj/zxfb/201704/t20170428_1489334.htmL.

[157]钟甫宁,2011.关于当前粮食安全的形势判断和政策建议[J].农业经济与管理(1):5-8.

[158]钟甫宁,陆五一,徐志刚,2016.农村劳动力外出务工不利于粮食生产

吗？——户要素替代与种植结构调整行为及约束条件的解析[J].中国农村经济(7):36-47.

[159]钟太洋,黄贤金,2012.非农就业对农户种植多样性的影响:以江苏省泰兴市和宿豫区为例[J].自然资源学报(2):187-195.

[160]朱晶,李天祥,林大燕,等,2013."九连增"后的思考:粮食内部结构调整的贡献及未来潜力分析[J].农业经济问题(11):36-43.

附 录

黑龙江省农户生产行为现状问卷

您好,我们是浙江大学管理学院博士生,正在进行关于黑龙江省农户生产行为的相关调研,本调查问题所获数据仅供学术研究使用,依据匿名性和保密性原则,本调查不会对调查参与者产生不利影响,真诚地感谢您的合作。请在横线上填写实际情况或者在选项上面打"√"。

黑龙江省_____县(区、市)_____乡(镇)_____村

受访农户姓名:_____

受访农户编码(访谈员填写):_____

受访农户联系方式:_____

访谈员姓名:_____

访谈员联系方式:_____

访谈日期:_____年_____月_____日

一、调查农户的基本情况

1.户主基本信息

(1)户主性别: ①男   ②女

(2)年龄:_____岁。

(3)健康状况: ①良好   ②一般   ③较差   ④很差

(4)您的文化程度:接受教育_____年。

(5)您的就业状况:①纯农户 ②农业兼非农 ③非兼农 ④非农业 ⑤未就业

(6)您的务农年限:_____年。

(7)您是否担任村干部?   ①是   ②否

(8)您家是否为科技示范户?   ①是   ②否   ③没听过

(9)您加入农民合作社或农村合作经济组织了吗?

　　①加入了,名称是_____

　　②否

(10)您有无参加过粮食作物种植技术的培训?

　　①有,是_____组织的

②无

(11)您是否参加了以下农村社会保障？

  ①未加入 ②农村最低生活保障 ③养老保险 ④医疗保险

(12)您本人是否从事非农就业活动？

  ①是,非农就业地点:本地/异地

  ②否

2.家庭成员信息

(1)家庭成员_____人。

(2)16～65岁的劳动力_____人,其中女性_____人。

(3)需要供养的老人(65岁以上)_____人;没有上学的_____人。

(4)您家是否有人外出打工? ①有 ②没有

(5)您家务农人口中,自家务农_____人;短期雇工_____人;长期雇工_____人;其他_____人。

3.土地情况

(1)您家耕地的性质:

年份	耕地性质/亩		
	自有	租赁	合计
2015			
2012			
2010			

(2)近三年有承包土地吗? ①有(如果有,请填写以下表格) ②没有

年份	承包出		承包人	
	数量/亩	每亩租金/元	数量/亩	每亩租金/元
2012				
2013				
2014				

注:如果每亩地块租金不同,请详细注明。

(3)您家耕地是否为黑土地？　　　①是　　　②否

4.家庭资产状况

(1)您家是否拥有以下家具和耐用消费品？

名称	数量	购买年份	购买价格/元
电视机			
洗衣机			
冰箱(或冰柜)			
电脑			
手机			
照相机			
煤气灶(或天然气灶)			
热水器			
空调			
电风扇			
汽车			
电动车(或摩托车)			
组合家具			
其他			

(2)您家房屋住宅情况：

共有几处住宅：_____处。

	住宅1	住宅2	住宅3
屋子数量/间			
是否为楼房(是=1,否=0)			
房屋建造材料			
建造年份/年			
建造花费/元			
最近一次大型维修年份			
最近一次大型维修花费/元			

注:房屋建造材料:钢筋混凝土=1,砖石=2,木竹草泥坯=3,其他=4。

5.村庄基本概况

(1)本村是否有柏油路/水泥路经过？ ①是　②否

(2)主要公路类型是(与外面联系)：

　　　①国道　②省道　③县道　④乡道　⑤其他_____

(3)本村是否有灌溉用水设施？

　　　①是,设施状况____好/坏____　　②否

(4)本村是否有国有性质的大农场？

　　　①没有　②有,_____个

国有大农场名称	主要种植粮食作物名称

注:主要种植粮食作物名称:玉米＝1,水稻＝2,小麦＝3,大豆＝4,其他＝5。

二、调查农户的农业生产情况

1.现在主要种植粮食、经济作物品种投入—产出情况(完成下表)

作物名称	作物产出		作物投入/亩					
	播种面积/亩	每亩单产/千克	投工时间/天	机械投入/元	化肥投入/元	农药投入/元	种子投入/元	灌溉投入/元
玉米								
大豆								
水稻								
小麦								
其他①								

①其他经济作物请说明品种。

2.影响您种粮食生产决策的主要因素：(如多选,请按重要性排序,在□内写上序号)

　　　□单产　□价格　□销售收益　□生产成本　　□天气情况

□销售渠道　□国家政策导向　□自家口粮　□劳累程度

□照顾家庭　　□年龄太大　□缺乏技能

3.国家粮食政策在当地落实是否较好？　①是　②否

您是否会考虑扩大粮食作物的种植面积？　①是　②否

4.经济作物的市场价格对您来说是否具有吸引力？　①是　②否

您是否会考虑扩大经济作物的种植面积？　①是　②否

5.您家拥有农业机械的状况：手扶拖拉机_____辆；大型拖拉机_____辆；收割机_____辆；播种机_____辆；其他机械,名称是_____,_____辆；

自己没有,租用____（农业机械名称）_____,租用费用_____元/天；

____（农业机械名称）_____,租用费用_____元/天；

____（农业机械名称）_____,租用费用_____元/天；

三、调查农户的收支情况

1.您家 2013—2014 年的收入在村里处于什么水平？

①上等　②中上　③中等　④中下等　⑤下等

2.近三年的收入状况：①增加　②减少　③变化不大

3.您的家庭收入的主要来源（如多选按重要性排序,在□内写上序号）是：

□种植业（粮食）　□养殖业　□外出打工　□本地经商　□乡镇村干部

□其他 _____

4. 2014—2015 年家庭总收入为_____元；来自农业的收入_____元；来自非农产业的收入_____元；种植业收入为_____元；种粮收入为_____元；经济作物收入为_____元（完成下表）。

2014—2015 年每种作物种植收入　　　　（单位:元）

大豆	玉米	水稻	小麦	其他

5.您家里最主要的三种开支是：

①生产资料　　②医疗　　③子女教育　　④日常消费　　⑤人情往来

⑥其他

6.近三年是否有过借贷行为？

①有　　②没有

如果有，主要用途是什么？（如多选，请按重要性排序，在□内写上序号）

□种植业（①种子　②化肥　③农药　④农机　⑤柴油）

□养殖业　　□子女教育　　□其他

7.您家贷款来源于：

①亲戚朋友　②信用社　③农业银行　④民间借贷　⑤其他

四、调查农户的非农就业情况

若您家庭有非农就业人员，请填写此部分；若没有，请略过。

年份	非农就业人数/人		亲戚中非农就业人数/人	
	本地	异地	本地	异地
2015				
2012				
2010				

注：本地指县内以及县外省内非农就业人数；异地指省外国内以及国外非农就业人数。

2014—2015 年非农就业人员信息统计：

成员编码	非农就业方式	非农就业行业	非农就业地点	非农就业时间/月	接受教育时间/年	如何找到此份工作	汇款金额/元	农忙时节回家务农

注：

1.非农就业方式：①常年在外　②农闲　③短期外出　④季节性

2.非农就业行业：①采掘业　②制造业　③建筑业　④交通运输业　⑤批发零售业、餐饮业　⑥其他社会服务行业　⑦其他

3.非农就业地点：①县内　②县外省内　③省外国内　④国外

4.非农就业时间：指在 2014 年 6 月—2015 年 6 月期间从事非农就业时间的时间。

5.如何找到此份工作：①家人或者亲戚朋友介绍　②招聘会　③报纸、电视、网络信息　④村里张贴或者发放的小广告　⑤其他途径

6.在农忙时节回家务农：①是　②否